JN418219

로티 문

당신이 하나님을 더 깊이 알아가고 더 널리 알리는 사람이 되는 것, 이 책에 담겨진 예수전도단의 마음입니다. 말씀을 통해 저자가 깨닫고, 원고를 통해 저희가 누릴 수 있었던 그 감동이 책을 통해 당신에게도 전해지기 원합니다. 그리고 당신을 통해 그 기쁨과 은혜가 더 많은 이들에게 계속해서 흘러가기를 기도하겠습니다. 이 책을 통해 당신이 받은 은혜를 다른 분들에게도 나눠 주십시오. 사랑하고 축복합니다.

Originally published in English under the title
Christian Heroes: Lottie Moon
published by YWAM Publishing
P. O. Box 55787, Seattle, WA 98155, USA

중 국 을 위 해 불 사 른 생 애

로티 문

자넷 & 제프 벤지 지음 | 안정임 옮김

예수전도단

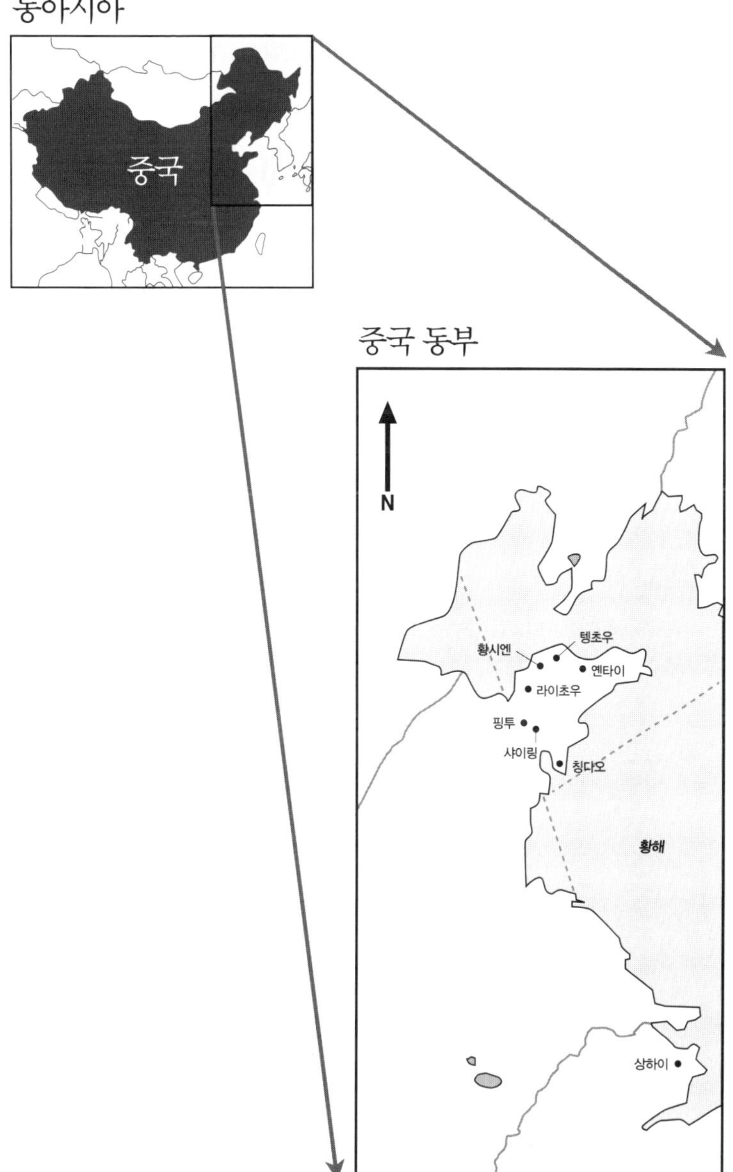

동아시아
중국
중국 동부
N
황시엔
텡초우
옌타이
라이초우
핑투
샤이링
칭다오
황해
상하이

Contents

Lottie Moon

Contents

Lottie Moon

이 시대에는 '영웅'이 아닌 '스타'가 넘쳐난다. 인격이나 성품, 그리고 삶에서 본받을 만한 요소와는 관계없이 사람들의 이목을 끌어당길 만한 요소가 있으면 누구나 스타가 된다. 그리고 많은 청소년이 스타의 말과 행동, 스타일을 맹목적으로 섬기고 따라한다.

이것이 현세대의 자화상이라는 사실을 감안하면, 세상 가치에 따라 부여된 인기를 누리는 스타가 아닌 자신의 삶을 하나님께 온전히 내어드려 크게 쓰임 받은 믿음의 영웅들을 만날 필요가 어느 때보다도 절실함을 깨닫게 된다.

예수전도단에서 꾸준히 출간하고 있는《믿음의 영웅들》시리즈는 하나님께 쓰임 받은 믿음의 선배들이 어떻게 그분의 부르심을 발견하고, 믿음의 길을 선택했는지 보여 준다. 그들은 충분히 자신의 유익을 추구하며 편안하게 살 수도 있었지만, 자신의 삶을 온전히 하나님께 바치며 그분이 초청하는 더 넓고 깊은 삶을 향해 나아갔다. 그들이 경험한 믿음의 모험을 이 시대 청소년들이《믿음의 영웅들》시리즈를 통해 직접 보고 느끼기를 소망한다. 또한 그들의 헌신적인 삶이 많은 청소년에게 하나님의 부르심에 응답하는 삶의 가치와 특권을 깨닫게 하는 데 귀감이 되기를 바란다.

이번에 소개하는 로티 문은, 널리 알려지지는 않았지만 선교지에서 풍성한 열매를 거둔 여성 선교사로 손꼽히는 인물이다. 어린 시절에는 선교사가 되는 것을 인생을 낭비하는 최악의 선택으로 여겼지만, 하나님은 로티 문의 마음을 돌이켜 그토록 싫어했던 선교사가 되게 하셨고, 머나먼 땅 중국으로 이끄셨다. 그 후 40년 동안 로티 문은 전심으로 중국과 중국인을 사랑하며 성공적으로 사역했고, 많은 선교사가 질병과 탈진, 신경쇠약으로 쓰러져 가는 선교지의 현실을 본국의 교회와 성도들에게 알리려고 노력했다.

차별과 억압, 열악한 환경과 상황에서도 멈추지 않고 자신의 길을 걸었던 로티 문의 삶을 본받아, '약할 때 강함이 되시는' 주님과 동행하는 더 많은 믿음의 사람이 일어나기를 소원한다.

Chapter 1

뷰몬트

예배당 맨 앞줄에 앉은 여섯 살 로티 문은 몸을 꼿꼿이 세우고, 고개 한 번 돌리지 않았다. 고개를 돌리면 검은 곱슬머리가 찰랑거려 사람들이 쳐다볼지도 몰랐기 때문이다. 원피스 허리띠를 너무 바짝 조여매서 숨쉬기가 힘들었다. 몇 번 숨을 크게 들이마셔 보았지만 허리띠가 느슨해질 리 없었다. 그리고 빳빳하게 풀을 먹인 목깃 때문에 목 뒤가 계속 따끔거렸다. 손을 올려 목을 긁고 싶었지만 사람들이 모인 자리에서는 예의에 어긋나는 짓이다. 불편해도 가만히 참고 앉아 있을 수밖에 없었다.

로티는 교회에 자주 갔기 때문에 교회에서 어떻게 행동해야 한다는 것쯤은 잘 알고 있었다. 교회의 담임목사는 순회 전도자였는데 매주 토요일이나 일요일이면 스코츠빌 마을에 들러 예배를 집도했다. 로티는 토요 예배뿐 아니라 주일학교도 빠지지 않고 나갔다. 로티의 아버지인 에드워드 문이 실제적인 교회 책임자였기 때문에 안 나갈 수 없었다. 에드워드는 주일학교를 설립했고, 교회의 집사이자 회계이기도 했다. 또 교회를 대표해서 침례교단 집회에 참석하기도 했다.

오늘처럼 싱그러운 봄날 아침에는 로티도 밖에 나가 뛰어놀고 싶었다. 자두나무에는 향기로운 꽃이 만발하고 새들은 즐겁게 노래했다. 사실 로티는 목사님의 설교 간간이 새들의 노래 소리를 듣고 있었다.

그러다 갑자기 외할머니의 이름이 들리자 로티는 다시 목사님의 이야기에 귀를 기울였다. "우리 모두 지난 수요일에 세상을 떠난 사라 콜먼 터너 버클레이 해리스 부인에게 조의를 표합시다. 1847년 5월 5일, 주님의 부름을 받은 부인은 그동안 신실하고 자애롭게 주님을 섬기셨던 분입니다."

로티는 목사님이 외할머니의 이름을 정확히 말씀하시는지 보려고 속으로 숫자를 세었다. 목사님은 다섯 개의 이름을 정확히 말씀하셨다. 어젯밤, 로티는 외할머니의 이름이 왜 그렇게 많은지 어머니에게 여쭤보았다. 어머니의 설명에 의하면 외할머니의 원래 이름은 사라 콜먼 터너다. 로티의 이름이 샬럿 디기스 문(로티는 샬럿의 애칭임 – 역주)이듯 성(姓)을 제외하면 두 개에 지나지 않았다. 외할머니는 로버트 버클레이와 결혼해서 로티의 어머니를 낳았는데, 로티의 어머니를 낳고 얼마 못 되어 할아버지가 물에 빠져 돌아가셨다. 그 후 외할머니는 버지니아로 거처를 옮겨 존 해리스 대위라는 분과 재혼했다.

해리스 대위는 앨버말 카운티에서 가장 부유한 사람이었다. 3천 에이커에 달하는 거대한 땅의 지수이기도 했는데, 담배, 목화를 재배하는 농장이 10개나 되었고 노예만 8백 명에 달했다. 그는 정기적으로 뉴올리언스와 켄터키 지역을 다니며 사업을 하기도 했다. 해리스 대위는 로티가 태어나기 몇 해 전인 1832년에 세상을 떠났고, 뷰몬트의 거대한 농장은 외할머니 소유가 되었다. 그리고 이제 외할머니가 돌아가셨으므로 로티의 부모가 그 재산을 상속하게 되었다.

외할머니가 돌아가셨다고 해서 가족에게 큰 변화가 생길 것 같지는 않았다. 로티의 부모님은 결혼 직후부터 지금까지 쭉 뷰몬트에서 살았기 때문이다. 그래도 외할머니가 계시지 않으면 족보에 얽힌 온갖 이름을 시시콜콜 외우지 않아도 될 테니 덜 따분할 것 같긴 했다. 그런 이름들은 정말 복잡했다. 로티의 증조부 토머스 버클레이는 토머스 제퍼슨(미국 제3대 대통령 – 역주)의 친구였다고 한다. 또한 조지 워싱턴 대통령의 파견으로 프랑스와 모로코 최초의 외교관을 지내기도 했다. 로티의 외삼촌 제임스 버클레이 박사는 연로한 토머스 제퍼슨의 몬티셀로라는 이름의 농가를 소유하고 있었다. 문 일가 친척 중에 많은 사촌이 있고 그중에는 로티의 부모님 양가가 모두 친척이 되는, 외할머니의 설명에 따르면 '겹 사촌'(Double cousin)이라고 하는 친척들도 있었다. 외할머니는 족보를 설명할 때 늘 겹 사촌을 거론하셨다.

로티는 다시 집중하여 목사님의 말씀에 귀를 기울였다. "우리는 모두 사라 해리스 부인에게 큰 신세를 진 사람들입니다. 6년 전 우리 스코츠빌 침례교회가 설립된 이래 부인은 누구보다 관대하게, 후원과 협조를 아끼지 않으셨습니다. 여러분 중에 많은 분이 이미 알고 계시겠지만, 침례교 신문에 실린 기사 내용대로 해리스 부인은 임종하는 순간에도 우리에게 큰 돈을 기부하셨습니다."

거창한 단어들이 나올 때마다 어린 로티는 무슨 뜻인지 이해하려고 신경을 곤두세워야 했다. 아마도 외할머니가 100달러를 교회에 기증하겠다고 한 유언장 얘기를 하는 것 같았다. 어떤 사람들에게는 100달러가 큰돈이겠지만 로티의 가족에게는 그리 대단한 액수가 아니었다. 집안 형편이 넉넉해서 자신이 원하는 것은 뭐든지 할 수 있다는 사실을 이미 알 만한 나이였다. 로티는 슬쩍 옆에 앉은 형제들을 곁눈질했다. 바로 옆에는 열다섯 살인 큰오빠 톰이 앉아 있었는데, 오빠는 이미 종마가 끄는 그럴 듯한 마차를 가지고 있었다. 톰 오빠 옆에는 열세 살인 오리안나 언니가 앉아 있었다. 언니는 책 읽기를 너무 좋아해서 아버지가 책으로 가득한 서재를 주셨는데, 그중에는 그리스 어와 라틴 어로 된 책들도 있었다. 언니는 언제든 읽고 싶은 책을 마음껏 읽을 수 있었다. 열한 살인 작은오빠 아이크는 독서에는 전혀 취미가 없었는데, 그런 오빠를 위해 아버지는 사냥용 활을 사다 주셨다.

언니 오빠들을 생각하니 약간 서글퍼졌다. 그들은 로티보다 훨씬 나이가 많아서 로티와 놀아 주지 않았다. 자신과 함께 놀아 줄 형제가 있다면 얼마나 좋을까! 엄마는 로티를 낳기 전에 세 명의 아이를 낳았지만 모두 죽었다고 전에 오리안나 언니가 말해 주었다. 그렇다고 로티에게 동생이 없는 건 아니었다. 사라 콜먼 문이라는 여동생이 있었는데 가족들은 그냥 콜리라고 불렀다. 이제 세 살인 콜리는 메이미라는 하녀가 돌보고 있었고, 항상 엄마가 곁에서 지켜보았다. 콜리는 너무 어려서 로티와 목화 농장을 뛰어다닐 수도 없고, 나무에 기어오르거나 헛간에서 놀지도 못했다. 교회에 가만히 앉아 있지도 못해 가족이 교회에 갈 때 누군가 집에서 돌봐 주었는데, 그럴 때 로티는 다 큰 어른이 된 듯 우쭐해지기도 했다.

예배가 끝나자 교인들은 따사로운 봄볕이 내리쬐는 밖으로 나갔다. 로티는 또래 사촌 몇 명과 어울려 교회 앞마당에서 장난을 치며 놀았다. 얼마 후 로티의 어머니 안나 마리아 문이 로티와 아이크를 불렀다. "자, 어서 마차에 타라. 이제 집에 가야 해!" 사촌 동생 제임스에게 참새 부부가 부엌 울타리에 둥지를 지었다는 얘기를 막 시작하던 로티는 좀 더 놀고 싶은 마음이 간절했지만, 어머니의 성격을 알기에 그만두었다. 로티의 어머니는 140cm 정도 밖에 안 되는 단신이었지만 한번 엄하게 말을 하면 로티의 아버지도 꼼짝 못할 정도였다.

로티는 마차에 올라 창가 가죽 좌석에 자리를 잡고 허리띠를 풀었다. 오전 내내 불편했는데, 이제야 편하게 숨을 쉴 수 있었다. 마부가 채찍을 내리치자 마차는 15km 떨어진 뷰몬트의 집을 향해 달리기 시작했다. 마차 안에서 로티는 내내 창문에 얼굴을 바짝 붙이고 자두와 사과 꽃향기를 들이마셨다. 목화밭에는 새로 심은 목화가 가지런하게 줄지어 있었고, 먼발치에는 초록색 벨벳을 펼쳐놓은 듯한 언덕이 보였다. 어머니의 아름다운 초록 드레스 같은 그 언덕은 블루리지 산의 언덕이라고 오리안나 언니가 말해 주었다. 로티는 아직 어려서 공부를 하지 않았지만 언니와 오빠들은 가정교사에게 고전 영어와 프랑스 어, 음악 수업을 받았다. 로티는 아버지께 뷰몬트 농장에 얽힌 역사를 들었을 뿐이다.

천오백 에이커에 이르는 뷰몬트 농장은 앨버말 카운티에서 가장 오래된 농장이었다. 아버지는 조지 워싱턴 대통령의 친구인 조슈아 프라이라는 측량 기사가 1744년에 처음으로 그 땅에 집을 지었다고 말했다. 후에 그 집은 버지니아 주지사였던 에드먼드 랜돌프라는 사람이 사들였다가 후에 화재가 일어나 소실되었다. 그 후 건물을 좀 더 현대적으로 재건축하여 문 가족이 살게 된 것이다. 로티는 그 집이 무척 마음에 들었다. 특히 벽난로가 있는 벽 뒤에 비밀 계단이 있었는데, 그런 것들이 그 집을 더 신비롭게 여기게 했다.

마차가 마지막 모퉁이를 돌아서자 집이 보이고 로티네 가족의 듬직한 콜리(스코틀랜드 원산의 양 지키는 개 - 역주) 셰프가 반갑게 뛰어나왔다. 두 개의 커다란 굴뚝에서 늘 보이던 연기가 올라오지 않아 약간 낯설었지만, 그것은 문 가족이 철

저하게 지키는 주일의 금기 가운데 하나였다. 토요일마다 요리사는 닭을 튀기고 햄을 구워 두었으며, 로티의 어머니는 파이와 과자를 만들었다. 이틀 동안 충분히 먹을 수 있는 양이었다. 주일은 성경이나 기독교 서적을 읽으며 안식일에 합당한 '진지하고 고상한' 화제들만 입에 올리는 날이었다. 로티에게는 솔직히 그 시간이 약간 고역이었다. 하루 지난 과자들은 별로 맛이 없었고, 차갑게 식은 닭튀김도 그저 그랬다. 그러나 오늘만큼은 그리 힘들지 않았다. 어머니가 미국 최초의 여 선교사였던 앤 허드슨의 이야기를 마저 읽어 주시기로 한 날이었기 때문이다. 허드슨 부부가 인도에서 영국 관리들에게 쫓기는 대목부터 읽을 차례였다. 대단한 모험이라는 생각에 로티는 차가운 닭튀김과 과자를 씹어 삼키며 어머니의 이야기에 귀를 기울였다.

외할머니가 돌아가셔도 집안에 큰 변화가 없으리라는 로티의 추측은 빗나갔다. 사업을 하던 아버지가 외할머니 대신 농장 일들을 관리하게 된 것이다. 농장 일이 바쁘다 보니 사업상 자주 도시를 오가던 일이 뜸해지고 이제는 집에서 아버지를 자주 볼 수 있어 좋았다. 외할머니가 돌아가시자, 로티 어머니의 남동생인 제임스 버클레이 박사의 생활에도 변화가 생겼다. 제임스 외삼촌은 약국을 운영하며 상당한 수입을 올렸다. 하지만 잔소리하던 어머니가 안 계시니 외삼촌은 약국 일보다 교회에서 설교하는 일이 더 잦았다.

로티가 열 살이 되었을 때 외삼촌의 딸인 사라 버클레이가 로티에게 깜짝 놀랄 소식을 전해 주었다. 사라와 로티는 뒷마당 계단에 나란히 앉아 저녁 식사 때 먹을 콩을 다듬고 있었는데, 느닷없이 사라가 이렇게 말했다. "로티, 내가 비밀 이야기 하나 해줄까? 아버지는 이모에게 먼저 알려 줘야 한다고 했지만, 이 이야기를 누군가에게 하지 않으면 가슴이 터질 것 같아!"

로티는 들고 있던 그릇을 바닥에 내려놓았다. "무슨 일인데 그래?" 사촌 언니의 호들갑에 호기심 어린 눈으로 로티가 되물었다.

사라는 들릴 듯 말 듯 조용한 목소리로 속삭였다. "어제 아버지가 보드만이라는 폐병 환자를 왕진하고 오후 3시쯤 집에 돌아오셨어. 나는 마당에 앉아 시를 외우고 있었고, 동생들은 근처 나무 위에 집을 짓고 있었어. 엄마는 베란다에서 성경을 읽고 계셨고. 그런데 아버지가 말에서 내리자마자 큰 소리로 이렇게 말씀하시는 거야. '모두 이리 와 보렴! 중요하게 할 이야기가 있단다.' 그래서 우리는 아버지께 달려갔지."

"그래? 삼촌이 뭐라고 하셨는데?" 도대체 무슨 이야기를 들었기에 사라 언니가 이처럼 흥분한 것일까?

사라가 눈을 반짝이며 이야기를 계속했다. "글쎄 있잖아, 아버지가 우리를 모아 놓고는 성경을 읽어 주시는 거야. 그리고 그리스도인들은 하나님의 말씀을 듣지 못한 사람들에게 가서 복음을 전해 주어야 한다고 말씀하셨어."

"그래서?""아버지는 선교사가 되어 예루살렘에 가서 유대인들에게 복음을 전하고 싶다고 하셨어."

두 소녀는 잠시 서로의 얼굴을 바라보았다.

"넌 어떻게 생각하니?" 사라가 슬쩍 로티의 의견을 물었다.

"정말이야? 외삼촌은 언제 가려고 하시는데?" 복잡한 생각들을 수습하며 로티가 물었다.

"곧 가신대. 아버지는 전부 함께 갔으면 하셔. 어젯밤 우리에게 생각할 시간을 주셨는데, 함께 가고 싶으면 오늘 아침 가족용 성경에 이름을 적으라고 하셨지."

로티는 믿을 수 없다는 표정으로 사라를 바라보았다. "그래서 언니도 이름을 적었어?"

사라는 살짝 미소를 머금고서 고개를 끄덕였다. "응, 모든 가족이 적었어. 아버지는 한 달 안에 함께 떠날 수 있을 거라고 말씀하셨고."

로티는 놀라서 눈이 휘둥그레졌다. 예닐곱 살일 때는 어렸던 탓에 부모님이나 목사님이 들려 주시는 하나님과 성경 이야기를 모두 사실로 믿었지만, 이제 열 살이 된 로티에게는 그 모든 것이 한낱 부질없는 이야기로밖에 들리지 않았다. 비록 부모님이 자녀 앞에서 종교적 분파 문제를 거론하지는 않았지만 로티는 이미 어른들의 문제를 눈치 챌 만큼 자랐고, 영리했다. 스코츠빌에 사는 교인들과 인근 마을 샬롯스빌에 사는 교인들은 종교적 견해가 다르다는 이유로 서로 상종도 하지 않았다. 제임스 외삼촌 부부도 마찬가지였다. 그들은 침례교회를 떠나 제자교회라는 새로운 교단의 교회로 옮겼다. 그들만이 아니라 침례교 교인들이 대부분 새로운 교단으로 떠났고 그들 사이에는 비방과 험담이 끊이지 않았다. 오리안나와 로티는 그런 모습을 지켜보며 하나님이나 기독교에서 발을 끊고 살겠다고 작정한 터였다.

그런데 지금 세 명의 외사촌이 지구 반대편으로 가서 예수 그리스도의 복음을 유대인들에게 전한다고 하지 않는가! 로티는 애써 웃음을 지어 보이려고 했지만, 속으로는 외삼촌이 무엇 때문에 편안하게 잘 살고 있는 식구들을 끌고 다른 나라로 가려는지 이해가 되지 않았다. 그보다 한심한 것은 사라가 예루살렘으로 간다는 사실에 만족해하고 있다는 것이다. 그 상황에서 뭐라고 말할 수 있겠는가? 로티는 사라의 손을 잡으며 "편지 쓸 거지?"라고 다짐을 받아둘 뿐이었다. 분명 외삼촌은 곧 떠나고 말 것이다. 외삼촌은 한 번 한 말은 절대로 어기는 법이 없는 분이었다.

예상대로 한 달 만에 외삼촌 가족은 스코츠빌에 사는 사람이 모두 모인 가운데 교회에서 송별 예배를 드렸다. 로티의 두 형제는 송별 예배에 참석하지 못했는데, 열아홉 살이 된 큰오빠 톰은 샬롯스빌에서 의학 공부를 하고 있었고, 얼마 전에 태어난 동생 몰리는 유모와 함께 집에 있었기 때문이다.

로티도 예배에 참석하고 싶지 않았다. 이제 외사촌들이 버지니아를 떠나면 평생 못 볼지도 몰랐다. 선교사로 고국을 떠나면 다시 볼 수 있을 가능성은 별로 없었다. 이 영원한 이별 앞에서 로티는 주체할 수 없는 슬픔을 느꼈다. 하지만 한편으로는 냉소적이었다. 선교사가 되는 것은 삶을 가장 낭비하게 하는 지름길 같았기 때문이다.

Chapter 2

말괄량이 숙녀

로티는 아버지의 마차가 뷰몬트 농장 입구로 들어오는 모습을 창밖으로 내다보았다. 최근 집을 떠나거나 돌아오는 식구들이 끊이지 않았다. 1853년, 로티는 이제 집에 남은 자녀 가운데 가장 나이가 많았다. 톰 오빠는 의대 졸업반이었고 아이크 오빠는 버지니아 대학에서 법학을 공부하고 있었다. 오리안나 언니는 트로이 여자신학교에 다니고 있었는데 신학대에서는 여성 인권신장 같은 흥미로운 사상들을 가르치는 듯했다. 실제로 그 대학 교수들 몇 명은 1848년에 열린 여권운동 집회에 참석했고 '엘리자베스 블랙웰'(Elizabeth blackwell, 세계 최초의 여의사)과 '루크레티아 모트'(Lucretia Mott, 미국 여성운동가)도 만났다고 했다.

로티의 아버지가 계단을 내려가며 어머니에게 말하는 소리가 들렸다. "새로 만드는 마차 길을 최소한 30cm 정도 더 파도록 일러두어야 할 것 같소."

"예, 알겠어요. 그렇게 하죠. 백일홍 손질법도 적어 주었어요. 올해는 꽃이 잘 피었으면 좋겠네요."

아버지는 지금 사업상의 일로 뉴올리언스로 떠나는 길에 어머니와 이런 저런 사항들을 의논하는 중이었다. 부모님이 이야기하는 동안 22개월 된 막내 여동생 로비네트가 아버지의 발밑에서 조용히 놀고 있었다.

에드먼드 문은 창밖을 내다보며 중얼거렸다. "눈이 그쳐서 다행이군." 그러고는 집사를 바라보며 "루이스, 내 여행 가방을 마차에 실었는가?" 하고 물었다.

"예, 주인님. 제가 직접 실었습니다." 나이 많은 루이스가 공손히 대답했다.

"잘 했네." 에드먼드 문은 자녀를 바라보며 "자, 다녀오마." 하고 말했다.

옆에 있던 어머니도 남편에게 작별 인사를 했다. "잘 다녀오세요, 여보. 날씨가 추우니까 몸 조심하시고요."

로티의 땋은 머리를 손으로 어루만지며 에드먼드 문은 껄껄 웃었다. “로티, 네 어머니는 걱정도 많구나. 내가 돌아와서 확인할 테니 프랑스 어 동사들을 열심히 공부해 두거라.”

“예. 아빠.” 로티는 기하학 공부가 아닌 프랑스 어라는 말에 안심하면서 얼른 대꾸했다. 프랑스 어 동사라면 기하학보다 자신 있었다.

집사 루이스가 현관 문을 열어 로티의 아버지를 마차가 있는 곳으로 안내했다. 문밖에는 살을 에는 찬바람이 몰아쳤다. 로티는 쌀쌀한 날씨에 몸을 움츠리며 로비네트를 팔에 안아 올리고, 아버지가 마차에 올라타고 모퉁이 길로 사라지는 모습을 지켜보았다.

엿새 후, 봉투 주위에 검은 테가 둘린 편지 한 장이 뷰몬트 농장에 배달되었다. 편지를 읽는 어머니의 손이 가늘게 떨리는가 싶더니 이내 큰 소리로 울음을 터뜨렸다. 한참이 지나 어느 정도 진정을 하고서 어머니는 로티에게 편지 내용을 이야기해 주었다. 로티의 아버지는 증기선을 타고 가던 중이었는데 1월 26일, 배 안에 불이 났다고 했다. 증기선은 해변에서 얼마 떨어지지 않은 곳에 있어서 선객들은 배에서 뛰어내려 해변 쪽으로 대피했다. 에드워드 문도 여행 가방을 끌고서 차가운 물속으로 뛰어내렸다. 그의 여행 가방 안에는 뉴

올리언스로 가져가는 금화가 가득 들어 있었다. 그는 가방을 어깨에 메고서 있는 힘껏 해변으로 걸어갔다. 해변에 거의 다다를 즈음 에드워드는 그만 쓰러져 버렸고, 선객들이 달려가 일으켜 보니 이미 숨이 끊어졌다는 것이다. 아마도 심장마비나 뇌졸중으로 사망한 것 같지만 정확한 사인을 밝히기는 어려웠다. 편지 말미에는 에드워드의 시신이 다음 날 도착할 것이라고 적혀 있었다.

그 후 몇 주간은 로티에게 견디기 힘든 나날이었다. 수백 명의 조문객이 집에 찾아와 조의를 표했고 스코츠빌 침례교회에서는 성대한 장례식이 거행되었다. 아버지의 시신은 뷰몬트 가족 묘역에 안장되었다. 응접실 창밖으로 아버지의 무덤이 보일 때마다 로티는 애써 외면했다.

로티의 어머니는 막내딸 로비네트의 이름을 돌아가신 아버지의 이름을 본떠 에드모니아 해리스 문이라고 고치겠다고 했다. 어쩌면 그것으로 한 가닥 위안을 얻으려고 하셨는지도 모른다. 시간이 지나면서 로티의 가정은 이전의 생활로 돌아가는 것 같았지만, 아버지의 빈자리는 그 무엇으로도 메울 수가 없었다.

에드워드 문은 당시로서는 상당히 특이한 유언을 남겼다. 그는 유언장에서 딸들을 포함한 모든 자녀에게 그들이 원하는 만큼 교육시키라고 당부했다. 그리고 어머니가 사망한 후에는 모든 유산을 각 자녀에게 공평하게 분배하라고 했다.

아버지가 딸들까지 대학 교육을 시키겠다고 결정한 덕분에 로티는 매우 안심이 되었다. 그 당시 사람들은 딸들을 대학까지 보내는 것이 돈 낭비에 지나지 않는다고 생각했다. 미국 남부의 여자아이들은 대부분 고등 교육을 받지 못했고 얼굴이나 가꾸고 얌전이나 빼면서 좋은 신랑감을 만나는 것이 삶의 목표였다. 그리고 결혼을 한 다음에는 아이 키우고 손님 대접하고 집안일 하는 것이 삶의 전부였다. 로티 집안의 모든 여자도 동일한 삶을 살았다. 물론 로티도 그런 사회 관습을 애써 거스르려는 마음은 없었지만 자신에게 새로운 기회가 주어졌다는 사실로 인해 아버지께 감사했다.

1854년 가을, 드디어 로티가 집을 떠나 꿈의 날개를 펼칠 차례가 왔다. 로티는 버지니아 여자신학교에 입학했고 기숙사에서 생활했다. 로티의 큰오빠 톰은 의사가 되어 부유한 집안의 딸인 헬렌이라는 여인과 결혼했다. 결혼 이후에 톰 부부는 뷰몬트에 와서 농장 일을 돕기로 했다.

오리안나 언니는 펜실베이니아로 옮겨서 퀘이커 교도가 운영하는 펜실베이니아 여자의과대학에 입학했다. 언니의 말에 의하면 그 학교는 4년 전에 세워졌는데, 아직까지 남부 출신 졸업생이 한 명도 없다고 했다. 언니는 반드시 졸업을 해서 그 학교 최초의 남부 출신 여의사가 되려는 포부에 부풀어 있었다.

자매는 자주 편지를 주고받았다. 로티는 자신이 부지런히 읽고 있는 라틴 어 교과서에 대해 적는 반면 오리안나는 자유에 대한 새로운 사상들을 편지에 빼곡히 썼다. 펜실베이니아 여자 의과대학 교수 중에는 퀘이커 교도가 많았다. 퀘이커 교도는 노예 해방에 찬성하는 사람들이었고, 개중에는 노예 탈출을 돕는 비밀 조직에 가담한 사람들도 있었다. 그뿐 아니라 그 학교는 남녀평등을 주장하는 '자유사상'의 온실이기도 했다. 오리안나의 해부학 교수였던 앤 프리스턴 박사는 여권신장에 앞장선 루크레티아 모트라는 여인과 절친한 친구이기도 했으며, 종종 미국 사회에서 여성들의 지위와 권리에 대해 논쟁을 벌였다. 심지어 프리스턴 교수는 여성들에게 투표권을 주어야 한다고 주장하기도 했다.

의료 분야가 남성들의 직종으로 인식된 탓에 여성 의대생들은 여러 가지 저항에 부딪혔다. 오리안나는 여성 수련의들이 공립 병원에서 환자를 진료하는 일이 금지되어, 학교에 자체 진료소를 세우고 여성 환자들만 진료하기로 했다고 편지에 썼다. 그런 식의 진료소는 미국 최초였다.

시간이 흘러 로티와 오리안나는 여름방학을 보내려고 고향 뷰몬트에 돌아왔다. 교회에 가지 않는 로티와 오리안나는 어머니와 동생들이 교회에 가면 집에서 미국 여성운동에 대해 몇 시간씩 토론을 벌였다.

1855년 가을, 새 학기를 맞아 로티는 다시 버지니아 여자 신학교로 돌아갔다. 여동생 콜리도 로티를 따라 그 대학에 입학했다. 막내 여동생 에드모니아는 이제 네 살이 되었는데, 그동안 재미있게 놀아 주던 동생을 떼어 놓고 가기가 무척 아쉬웠다. 집안에는 또 다른 아기가 태어났다. 큰오빠 부부가 첫 아이를 낳은 것이다. 그러나 큰오빠 부부는 곧 뷰몬트를 떠날 예정이었다. 미주리 강을 따라 내려가서 당시 성행하던 캘리포니아 금광 채굴 작업에 합류할 계획이었다. 로티의 둘째 오빠 아이크는 얼마 전 앨버말 법조계의 변호사가 되었는데, 다시 고향으로 돌아와 톰 대신 농장 운영을 맡기로 했다.

새 학기가 시작되고 얼마 안 되었을 때, 로티는 느닷없는 비보를 받게 되었다. 큰오빠 부부와 갓 태어난 아들 토머스가 배를 타고 캔자스에 도착했을 즈음 배에 탄 사람들 사이에 콜레라가 번지기 시작했다는 것이다. 톰은 우선 아내와 아기를 데리고 배에서 내려 여관에 묵게 하고, 의사였던 자신은 다시 배에 올라 아픈 환자들을 돌봐 주었는데, 그러다 며칠 만에 콜레라에 전염되어 사망했다는 것이었다. 로티는 정신이 아뜩했다. 톰은 이제 겨우 스물세 살이었다. 다시는 큰오빠를 만나지 못한다는 사실이 도저히 믿기지 않았다.

로티는 슬픔을 떨쳐버리려고 공부에만 몰두했다. 라틴 어와 프랑스 어는 성적이 좋았지만, 수학은 아무리 노력해도 겨우 낙제만 면할 뿐이었다.

로티의 학교는 이듬해 여름에 학교 이름을 홀린스로 바꿨다. 기숙사 생활은 몹시 빠듯했고 소녀들이 즐길 만한 오락 시설이 거의 없었다. 하루 중 단 2시간만 자유로웠고 그 외에는 공부, 식사, 예배의 연속이었다. 그나마 재미있는 것은 길을 건너 에논 침례교회에 가는 주일이었다. 물론 예배 때문이 아니었다. 순전히 사촌 동생 캐리 앤 콜먼과 나란히 앉아 교회에 나오는 청년들을 두고 수군거리는 재미 때문이었다.

로티는 학교의 딱딱한 일정에 적응하기 힘들었다. 어린 시절, 집에서 가정교사에게 배울 때에는 마음껏 뛰어놀 수 있었다. 이제 겨우 열네 살인데 숙녀처럼 행동해야 한다니! 아직은 그런 재미를 포기하고 싶지 않았다. 때로는 잠자리에 누워 친구나 교수들에게 해줄 만한 우스갯소리를 생각해내기도 했다.

1856년 4월, 만우절을 하루 앞두고 로티는 모든 사람이 주목할 뭔가 근사한 사건을 만들어 보고 싶었다. 사촌동생 캐리 앤은 옆 침대에서 곤히 자고 있었다. 별안간 기발한 생각이 머리를 스쳤다. 홀린스 대학에서 자신이 가장 싫어하는 것이 무엇인가? 바로 빡빡한 일정이었다. 그렇다면 모든 사람을 시간에 맞춰 움직이게 만드는 것은 무엇인가? 그것은 학교 종탑에서 15분마다 울려 퍼지는 종소리였다. 요리조리 머리를 굴려가며 계획을 다 세운 후에 너무 우스워 혼자 입을 막고 낄낄거렸다. 다음날 아침 일찍 자리에서 일어나기만 하면 된다. 최소한 새벽 동이 트기 전에 일어나야 한다.

몇 시간 후, 로티는 잠에서 깨었다. 아직 동은 트지 않았고 희미한 달빛이 창문으로 스며들고 있었다. 로티는 침대에서 나와 외투와 실내화를 신었다. 그리고 담요를 돌돌 말아서 묶고 조심스럽게 나무 바닥을 걸어 나가 복도로 향하는 문을 살그머니 열었다. 혹시라도 캐리 앤이 잠에서 깨지 않을까 뒤를 돌아보았다. 그러나 캐리 앤은 곤히 자고 있었다. 로티는 발꿈치를 들고 이층으로 돌아가 다락방 옆에 걸려 있는 열쇠를 집어 들었다. 그리고는 재빨리 열쇠를 자물쇠에 넣고 돌렸다. 육중한 떡갈나무 문이 삐걱거리며 열렸다.

로티는 안으로 들어가 문을 닫고 어둠에 익숙해지도록 잠시 기다렸다. 얼마 후 낡은 책상과 침대들이 한 구석에 쌓여 있고, 벽에는 가방들이 놓여 있는 모습이 눈에 들어왔다. 그리고 드디어 로티가 찾는 물건이 보였다. 서까래로 올라가는 계단을 지나 더 높은 곳에 또 다른 계단이 종각과 연결되어 있었다. 로티는 깊게 숨을 한번 들이마시고 둥그렇게 만 담요를 허리띠에 단단히 묶었다. 그리고 서까래로 향하는 계단을 하나씩 밟고 올라갔다. 로티 외에 어느 누가 감히 이런 모험을 하려 들겠는가! 어린 시절, 로티는 수천 그루의 나무를 탔고, 종종 아이크 오빠와 술래잡기를 하며 목화 창고에 들어가 높은 목화더미 위에 올라갔었다.

계단 꼭대기에 올라선 로티는 서까래로 기어 올라가 조심스레 몸의 균형을 잡으며 다시 다음 계단에 올랐다. 그 계단 꼭대기에 종각이 있었다. 수위 아저씨가 아침 6시 기상 시간을 알리려고 종에 달린 줄을 잡아당기는 모습이 눈에 선했다.

"오늘 아침엔 뜻대로 안 될 걸. 만우절이니까! 킥킥킥."

로티는 웃음을 참으며 담요를 풀어서 커다란 놋쇠 종의 추 둘레에 감았다. 그리고는 담요를 밧줄로 감아서 고정했다.

종소리를 완전히 막아 버리는 작전에 성공하자 로티는 다시 계단을 타고 다락 마룻바닥으로 내려왔다. 얼굴에 붙은 거미집을 떼어내면서 문을 잠그고 열쇠를 다시 제자리에 놓고는 복도를 지나 방으로 들어왔다. 다행히 캐리 앤은 자고 있었다. 로티는 외투와 실내화를 벗고 침대에 누웠다.

그리고 조마조마한 마음으로 기다렸다. 창문을 통해 들어온 햇빛이 서서히 맞은편 벽에 비치기 시작했다. 분명 기상 시간이 지났지만 종소리는 들리지 않았다. 수위 아저씨가 줄을 잡아당기며 쩔쩔매는 모습이 눈에 선했다.

이윽고 평소보다 1시간 늦은 7시가 되어서야 기상 종이 울려 퍼졌다. 식사 시간에 1시간이나 늦었다는 이야기를 듣고 모든 여학생이 허둥거리는 모습은 그야말로 가관이었다. '오늘 하루 이보다 더 그럴 듯하게 만우절 속임수를 꾸며대는 사람은 없을 걸.' 로티는 속으로 자신의 기발한 꾀를 자축했다.

물론 그렇게 심각한 범죄를 저지른 여학생을 가만 놔둘 리 만무했다. 결국 로티는 자신이 저지른 범죄를 자백했다. 침대에 담요가 없는 사람은 로티밖에 없었으니 발뺌을 할 수도 없는 노릇이었다. 졸업이 임박한 시점에서 퇴학을 당하지는 않았지만 품행 점수는 'D'로 떨어졌다. 어머니가 성적표를 본다면 형편없는 품행 점수에 얼굴을 찌푸리기는 하시겠지만 라틴 어나 영어, 프랑스 어 점수는 최상급이었으므로 그런 '하찮은' 실수쯤은 넘어가 주시리라 생각했다. 막상 로티의 성적표를 받아 든 어머니는 다른 일이 더 마음에 걸렸는지 품행 점수에 대해서는 한 마디도 하지 않으셨다.

학기가 끝나고 졸업하는 날이 다가왔다. 졸업식은 에논 침례교회에서 있었다. 졸업반이 된 이후, 로티는 교회에 거의 가지 않았다. 졸업생들은 한결같이 풀 먹인 하얀 원피스에 담청색 띠를 두르고 졸업식이 거행되는 교회당 앞좌석에 나란히 앉았다. 식이 거행되는 동안 졸업생들은 각자 한 가지씩 재능을 선보이며 그동안 학교 교육이 자신들을 정숙한 숙녀로 변모시켰음을 증명하려고 애썼다. 어떤 여학생들은 노래를 부르거나 피아노와 바이올린을 연주했다. 시나 수필을 지은 여학생들도 있었는데, 시와 수필은 남자 선생님들이 대신해서 낭송했다. 남성이 섞인 청중 앞에서 여성이 나서는 것은 예의에 어긋나는 행동이었기 때문이다. 교장 선생님이 개식사 연설문을 읽는 동안 로티는 옷자락을 만지작거리며 앉아 있었다. 교장 선생님은 변화하는 시대의 여성의 역할에 대해 이야기했는데, 그의 요점은 아무리 여자가 교육을 받고 총명하더라도 가정을 돌보고 교회에서는 잠잠해야 한다는 것이었다.

지루하게 교장 선생님의 연설을 듣던 로티는 오리안나 언니가 이 이야기를 들으면 뭐라고 할까 곰곰이 생각했다. 언니의 의견이나 행동과 정반대의 연설이었기 때문이다. 언니는 교회가 여성의 자유로운 삶을 구속한다고 믿었고, 로티에게 다른 여학생들을 본받지 말고 스스로 삶을 개척하라고 충고했다.

로티는 언니의 충고를 받아들이기로 했다. 졸업하는 여학생들 가운데는 이미 약혼한 아이들도 있었지만, 로티는 결혼할 마음이 조금도 없었다. 결혼을 강요할 아버지도 없고, 돈 걱정도 없는 상황에서 자신이 원치 않는 일을 해야 할 이유는 없었다.

그래도 문제는 있었다. 하기 싫은 일은 정말 많은데 정작 하고 싶은 일이 없다는 것이다. 마차를 타고 뷰몬트의 고향집으로 돌아가면서 앞으로의 삶을 곰곰이 생각해 보았다. 열다섯 살의 로티는 당시 남부 지방 소녀로는 상당한 교육을 받은 셈이었고, 그 사실이 자신의 인생에 어떤 결과를 가져올지는 상상하지 못했다.

Chapter 3

남부에서 가장 학식 높은 여인

고향 뷰몬트로 돌아오니 한동안은 편하기 그지없었다. 아침마다 하녀가 옷을 챙겨 주고 따끈한 세숫물을 준비해 주었다. 종소리에 맞춰 이리저리 부산을 떨지 않아도 되고, 마음내키는 대로 잔디밭에 앉아 라틴 어나 프랑스 어 책을 읽을 수도 있었으며, 마차를 타고 인근 농장에 사는 사촌들을 만나러 가기도 했다. 그러나 얼마 지나지 않아 그런 생활도 차츰 지루해졌다. 그즈음 어머니가 다섯 살이 된 에드모니아의 가정교사를 해 보면 어떻겠느냐는 제안을 하셨다. 어머니의 말씀에 따라 막내 동생을 가르치는 일은 꽤 재미있었다. 에드모니아는 영리해서 무엇이든 곧잘 따라했고, 특히 로티와 함께 하는 간단한 연극 놀이를 무척이나 좋아했다.

1856년 성탄절이 가까울 무렵, 오리안나가 성탄 휴가를 보내려고 집에 돌아왔다. 오리안나는 의학 공부를 마치고 정식 의사가 되어 있었다. 자신의 목표를 달성한 것이다. 오리안나와 또 한 명이 미국 남부 지방 최초의 여의사가 되었다. 그러나 그렇게 열심히 공부해서 자격을 땄건만 여의사를 고용하려는 병원은 한 군데도 없었다. 낙심해서 집으로 돌아온 오리안나는 그 어느 때보다 여권신장 운동에 열렬한 지지를 보냈다.

집에서 한가롭게 지내던 로티에게 인생의 다음 행로를 열어 준 것은 다름 아닌 침례교회였다. 침례교단은 여권신장 운동에 주목하고 있었는데, 여성이 남성만큼 교육받아야 한다는 의견에는 동의하지 않았지만 남녀 모두에게 동일한 교육 기회를 부여해야 한다는 데는 찬성했다. 그 정도만으로도 당시로서는 획기적이었기에 교단 내에서도 의견이 분분했다. 인근에 위치한 샬롯스빌 침례교회의 존 브라더스 목사는 샬롯스빌 마을에 앨버말 여자대학을 세웠다. 이 학교는 미국 남부에서 유일하게 남자 대학교와 동일한 과목들을 가르쳤다. 당시 버지니아 대학에서 남학생들이 배우던 고대 언어와 현대 언어를 비롯해 자연과학, 수학, 윤리철학, 역사, 문학까지 가르쳤다.

여자들이 그런 과목들을 배운다고 못마땅해 하는 사람들은, 얼마 못 되어 그 학교가 문을 닫을 거라고 수군거렸다. 고등 교육을 받을 만큼 넉넉한 형편의 딸들이라면 부유한 집으로 시집가서 평생 호강하며 살 텐데 왜 굳이 학교를 다니겠는가? 더구나 그들은 학식이 높은 여성들이 남성 위주 사회에서 한계와 제약에 부딪히는 것이 더 위험하다고 생각했다.

그러나 로티는 기다리던 기회를 놓칠 수 없었다. 1857년 앨버말 여자대학에 입학한 로티는 배움에 열을 올렸다. 사실 새로 들어간 학교는 홀린스 학교보다 별로 나을 것이 없었다. 남자 손님이 방문할 때는 반드시 사감 선생의 감독 아래 만나야 했다. 교수들은 여학생들의 교양을 위해 음악, 강연, 무용 등을 지도했다. 또한 브라더스 목사가 담임하는 침례교회에 다니도록 권장했지만, 로티는 처음부터 자신은 교회에 다니지 않겠노라고 못을 박았다. 주일에 다른 여학생들이 성경을 끼고 교회로 향하는 동안 로티는 건초더미에 누워 윌리엄 셰익스피어의 희곡 《십이야》를 읽었다.

다른 여학생들처럼 기독교 활동에 참여하지 않았어도 로티는 금세 학교에서 인기를 끌었다. 그리스어와 라틴 어 번역에 있어서는 언제나 다른 학생들이 도움을 요청할 정도로, 로티의 실력은 탁월했다. 로티는 곧잘 농담으로 학생들을 즐겁게 하기도 했다. 자신의 중간 이름의 첫 자인 'D'가 사실은 '악마'(Devil)의 약자라고 해도 아이들은 그 말을 곧이곧대로 믿을 정도였다.

첫 학년을 마치고 로티는 라틴 어 학위를 받았다. 가장 자신 있는 분야는 외국어였는데 그리스 어, 이탈리아 어, 프랑스 어, 스페인 어 등 외국어 부문에서 모두 수석이었다.

한편 로티의 언니 오리안나는 병원에서 직업을 구할 수 없어 낙심을 거듭한 끝에 여름동안 미국을 떠나 프랑스로 여행을 떠나기로 했다. 프랑스에 도착하면 유럽의 여러 나라를 거쳐 예루살렘으로 가서 외삼촌과 그 가족들을 만나볼 예정이었다. 로티도 언니와 함께 여행하고 싶은 마음이 굴뚝 같았지만, 대학 과정을 마쳐야 했기에 학교로 돌아갔다.

1858년 12월, 로티의 열여덟 번째 생일이 얼마 지나지 않아 브라더스 목사는 침례교회에서 전도 집회를 열었다. 물론 그런 곳에 나가 시간을 낭비할 로티도 아니었고 가라고 압력을 넣을 사람도 없었다. 사실 로티의 친구들은 로티가 집회에 참석하지 않기를 바랐다. 사사건건 자신들의 신앙을 비웃고 놀려대는 로티가 싫었기 때문이다.

집회 이튿날이 되자 로티는 슬슬 장난기가 발동했다. 교회에 가본 때가 까마득하기도 하고, 오랜만에 브라더스 목사의 예배에 참석해 교회 다니는 친구들을 골려 줄 빌미를 찾고 싶었다. 로티가 교회 문을 열고 안으로 들어서자 여기저기서 수군거리는 소리가 들렸다. 로티는 한번 씩 웃고 나서 강대상 앞좌석에 자리를 잡았다. 행여 브라더스 목사의 설교에 흠잡을 만한 내용이라도 비치면 가차 없이 잡아낼 생각이었다. 그러나 설교 말씀은 거의 끝나 가건만 어느 대목도 그리 헛소리처럼 들리지는 않았다. 비방거리를 못 찾아내자 아무래도 자신이 공연히 시간 낭비를 한 것 같았다.

예배에 대한 생각은 접어두려고 해도 브라더스 목사의 설교 말씀이 로티의 머릿속에 불쑥 불쑥 떠올랐다. 그날 밤은 잠도 제대로 오지 않았다. 밖에서 개 짖는 소리가 시끄러운 덕분이기도 했다. 로티는 자리에 누워 자신이 교회에 가지 않게 된 이유를 곰곰이 되짚어 보았다. 그 이유는 단순히 어린 시절의 경험 때문이었다. 어릴 때, 사람들이 교파 문제로 말다툼하는 모습에 질려 기독교 자체에 등을 돌리게 된 것이다. 그러나 과연 그것이 현명한 결정이었을까? 몇몇 사람들이 논쟁에 휘말렸다고 해서 기독교 신앙 자체가 잘못된 것처럼 기독교를 거부한 것이 옳았을까? 그것은 전혀 논리에 맞지 않는 결정이었다. 로티는 고민으로 잠을 설쳤고, 브라더스 목사의 설교처럼 그리스도인이 된다는 것이 더 논리정연하고 설득력 있어 보였다.

1858년 12월 21일, 로티는 결정을 내렸다. 자신은 그리스도인이 되기로 했고 누구도 상관할 바가 아니었다. 로티는 아침 일찍 일어나 특별 새벽 기도회에 참석했다. 브라더스 목사의 전도 집회를 위해 아침 일찍 학생들이 모여서 기도하는 모임이었다. 모임 장소의 문을 열고 안으로 들어서는 순간, 한 여학생이 눈이 휘둥그레져서는 로티를 바라보았다. "우리 모두 방금 널 위해 기도하고 있었는데, 네가 이렇게 나타날 줄은 정말 생각도 못했어!" 그때, 옆에 앉은 여학생이 속삭였다. "가만 있어 봐. 로티 문은 그렇게 호락호락 교회에 나올 아이가 아니야. 뭔가 트집이라도 잡으려고 왔겠지."

그러나 모임이 진행되는 동안 로티가 트집을 잡으려는 게 아니라 배우러 왔다는 사실이 명백해졌다. 소문은 발 빠르게 온 학교에 퍼졌다. 과연 극도의 무신론자가 기독교를 받아들인 것일까? 궁금증은 곧 풀렸다. 그날 저녁, 로티는 다시 브라더스 목사의 집회에 참석했고, 주님을 영접하기 원하는 사람은 강대상 앞으로 나오라는 부름에 서슴없이 일어나 걸어 나갔다. 그것은 공식적인 선언이었다. 누구도 의심할 여지없이 로티 문은 주님을 영접하고 그리스도인이 된 것이다!

로티가 빨리 세례를 받고 싶다고 자청했기 때문에 다음날 저녁 세례식이 거행되었다. 세례를 받기 전에 로티는 사람들 앞에서 자신에게 일어난 마음의 변화에 대해 이야기했다. 침례교회에서는 세례 전 남성이든 여성이든 회중 앞에서 간증을 하게 했는데, 그때가 유일하게 여성이 사람들 앞에서 이야기할 수 있는 기회였고 로티 역시 그 기회를 놓치지 않았다.

어느새 로티는 앨버말 여자대학에서 가장 영향력 있는 신앙인으로 변모했다. 성경공부와 기도모임을 주도했고 일주일에 세 번씩 예배에 참석했으며 여름방학에는 고향에서 주일학교를 도왔다.

2년을 더 공부하고 로티는 학사 학위를 받았다. 그해에 졸업하는 다섯 명의 여학생은 남부에서 처음으로 학사 학위를 받는 여성들이었다. 로티는 그중에서 가장 성적이 우수했기 때문에 사람들은 로티를 가리켜 '남부에서 가장 학식 높은 여인'이라고 말했다.

보통 그런 영예를 얻으면 여자 대학의 교수나 고등학교 교장으로 갈 수도 있었지만 로티가 졸업하기 한 달 전인 1861년 4월 12일, 뜻하지 않은 사건이 터지고 말았다. 남 캘리포니아에 주둔하고 있던 미국 연방군의 포병대가 찰스턴 항의

관문인 포트섬터에 폭격을 가한 것이다. 미국 헌법을 둘러싸고 오랫동안 지속되던 남부와 북부의 마찰이 드디어 절정에 이르렀다. 그동안 사람들은 종종 저녁 식탁과 마차 위에서 끝도 없는 논쟁을 벌였지만 막상 북부와 남부가 서로 총부리를 겨누자 미국인들은 경악을 금치 못했다.

북부는 연방정부가 미국 전체 주에 걸쳐 광범위한 권한을 갖는 것에 대체적으로 찬성한 반면, 남부는 연방정부의 권한을 제한하려고 했다. 남부는 스스로 결정권을 갖고 자체적인 정책을 시행하고 싶어 했다. 이미 몇 가지 문제에 대한 남부와 북부의 의견 차이는 심각했다. 서부에 새로 건설하는 철도와 도로 건설 비용을 누가 감당할 것인가 하는 문제와 공장에서 생산된 제품에 대한 세금 문제, 그리고 처음에는 하찮은 것처럼 시작되었다가 이내 미국 전역을 떠들썩하게 한 노예 문제가 그것이다. 초기에 북부는 남부의 노예 제도를 전면 폐지할 의향이 없었고 서부에 신설되는 주들에 대해서만 금지할 방침이었다. 그러나 서부에서 그런 제도가 시행되면 북부에서 노예제를 폐지하는 주가 늘어나 종국에는 미국 전역에서 노예제를 폐지하는 쪽으로 표결이 될 가능성이 높았다. 그래서 결국 포트섬터에서 남북전쟁의 도화선이 터지고 만 것이다.

처음에는 남북전쟁도 로티 개인의 삶과는 무관해 보였다. 그해 여름 로티는 고향 뷰몬트에 돌아왔다. 마침 오랜 국외 여행을 마치고 돌아온 오리안나 언니를 만나 어느 때보다 뜻 깊은 여름을 보내게 되었다. 언니에게 자신이 그리스도인이 되었다고 말하기가 약간 겸연쩍기도 했다. 그동안 두 사람은 교회가 여자의 자유를 구속한다고 침을 튀기며 비난하지 않았던가. 그러나 더 놀라운 사실이 기다리고 있었다. 오리안나 역시 예루살렘에 있는 동안 주님을 영접하고 외삼촌 제임스에게 세례를 받은 것이다! 따라서 이번에도 두 자매는 공통된 관심사를 놓고 쌓였던 이야기꽃을 피우기 시작했다.

오리안나의 입을 통해 흘러나온 여행담은 로티를 마냥 설레게 했다. "로티, 이 이야기를 네게 얼마나 해주고 싶었는지 몰라." 더운 여름날 오후, 베란다에 앉아 있던 오리안나가 말했다. "배 갑판에 혼자 서 있는데, 선원 한 명이 내 뒤로 살그머니 다가와서 어깨를 껴안으며 능글맞은 목소리로 이러는 거야. '혼자 여행하는 거 무섭지 않아요, 아가씨?'"

"그래서 어떻게 했어?" 로티는 재빨리 다음 말을 재촉했다. 그런 일은 남부의 요조숙녀에게 낯 뜨거운 추문이 아닐 수 없었다.

오리안나는 짓궂은 미소를 지었다. "뭘 어떻게 하겠어? 혼자서도 전혀 무섭지 않다는 사실을 증명해 보여야지. 치마 밑에 감춰 둔 권총을 꺼내서 가까이 있는 갈매기를 쐈어."

"맙소사!" 언니라면 충분히 그러고도 남으리라는 사실을 절감하며 로티는 탄성에 가까운 소리를 질렀다.

"정말이야. 난 정확히 갈매기를 쏘아 맞췄어. 갈매기가 물 속으로 맥없이 픽 떨어졌지. 그리고 뒤돌아서 그 선원을 바라보며 씩 웃고는 아주 간드러진 목소리로 이렇게 말했지. '걱정해 줘서 고마워요. 하지만 나 혼자서도 잘할 수 있을 것 같은데, 그렇게 생각하지 않으세요?' 네가 그때 그 남자의 얼굴을 보았어야 하는 건데. 내 손수건보다 더 하얗게 질린 그 얼굴을! 호호호." 로티도 언니를 따라 웃었다. 그리스도인이 되었지만 언니의 호탕한 기질은 여전했다.

여름이 지나가는 동안 내전의 파동은 조금씩 뷰몬트의 생활을 흔들기 시작했다. 남부 연방정부는 전쟁 물자를 대는 일에 급급했다. 새로 연방정부의 대통령으로 선출된 제퍼슨 데이비스는 모든 남부인에게 은화를 은행으로 가져와 채권으로 바꾸라고 독려했다. 어머니와 오리안나는 마차를 타고 샬롯스빌에 가서 집안의 모든 은화를 채권으로 바꾸었다.

샬롯스빌에서 뷰몬트로 돌아온 두 사람은 놀라운 소식을 전했다. 남부군이 마나사스 교차 지점 근방까지 왔고 북부군은 불런이라는 샛강 주변에 주둔하고 있다고 했다. 결국 전쟁이 로티의 고향 근처까지 다가온 것이다.

오리안나가 로티에게 진지한 음성으로 말했다. "아무래도 싸움이 치열해질 것 같아. 그래서 남녀를 불문하고 의사의 손길이 절대적으로 필요하다는 생각이 들어 나도 자원했어."

1861년 7월 21일, 남부군과 북부군이 불런에서 최초로 격돌했다는 소식이 들려왔다. 그날의 전투는 남부군의 승리로 돌아갔고 북부군은 워싱턴 디시까지 후퇴했다. 물론 사상자가 속출했다. 코크 장군은 사람을 보내 버지니아 대학 건물에 외과 병동 세우는 일을 도와달라고 오리안나에게 요청했다. 모든 남부인이 자신의 몫을 찾아 기여해야 할 때였다. 아이크는 남군에 자원입대했고 로티와 콜리, 몰리 자매는 간호사 일을 거들기 위해 오리안나 언니와 함께 병원으로 갔다.

병원 일은 육체적으로 고되기보다 정신적으로 지치는 일이었다. 특히 로티는 다치고 죽어가는 남자들 속에 있는 게 괴로웠다. 여 간호사들이 남자 환자의 몸을 직접 만지지 못하는 것이 당시의 관례였기 때문에 병원을 청소하거나 군인들을 대신해서 고향에 편지를 대필해주거나 부상자들을 위해 책을 읽어 주는 일이 전부였다. 오리안나는 로티에게 병원의 서류 작성하는 일을 도와달라고 부탁했고, 로티는 기다렸다는 듯 요청을 받아들여 고향 뷰몬트로 돌아와 침실 하나를 병원 사무실로 바꾸었다.

농장 일을 돌보던 아이크가 참전했기 때문에 로티의 어머니와 로티가 해야 할 일이 더 많아졌다. 정원 손질을 지시하는 일, 작물 이식과 재배를 감독하는 일, 노예를 먹이고 입히는 일, 편지 쓰는 일, 군인들을 위해 양말을 짜는 일…. 게다가 로티는 막내 여동생 에드모니아의 가정교사 노릇도 해야 했다. 어느 때보다 분주하고 바쁜 날들이 이어졌다.

남부 연방의 제퍼슨 데이비스 대통령은 전쟁이 곧 종식될 것이며 '북부 야만인들'을 단번에 물리칠 것이라고 단언했다. 그러나 그것이 빈말에 지나지 않는다는 사실이 금방 드러났다. 전쟁이 예상보다 길어질 조짐을 보였고, 전선은 버지니아에서 뉴올리언스까지 확대되었다.

전쟁터에서 끊임없이 후송되는 부상자들 때문에 오리안나는 1년을 버티지 못하고 체력이 바닥나버렸다. 어느 날 괴사 현상이 진행된 부상병의 팔을 꿰매다 오리안나는 그 자리에서 실신해 버렸다. 매일 수없이 죽어나가는 군인들에서 한시바삐 벗어나는 길만이 치료책이었다. 로티는 집으로 돌아온 오리안나 언니가 건강을 회복하도록 성심성의껏 돌보았다.

오리안나가 집으로 돌아온 후 얼마 못 되어 함께 군 병원에서 일하던 의사 한 명이 오리안나를 찾아왔다. 존 앤드루스라는 그 의사는 병원에서 사망한 남동생의 시신을 앨라배마의 고향 집까지 운반할 비용이 없었는데, 딱한 사정을 알게 된 오리안나가 비용을 대신 지불해 주어 그 빚을 갚으러 왔다고 했다. 하지만 진짜 목적은 따로 있었다. 오리안나에게 청혼을 하기 위해서였다. 흠모하던 동료 의사의 청혼을 받은 오리안나는 기꺼이 청혼을 수락해 11월에 결혼식을 올렸다.

결혼 직후 존 앤드루스는 남 연방의 수도인 리치몬드로 발령이 났다. 오리안나도 남편과 함께 리치몬드로 갔으나 곧 임신한 사실을 알게 되어 안전한 뷰몬트로 다시 돌아왔다.

전쟁이 시간을 끌며 계속되었다. 다행히 아이크는 부상만 입은 채 고향에 돌아왔고, 로티와 여동생들은 계속 줄어드는 장비와 노동력으로 농장을 운영하느라 진땀을 흘렸다. 그 사이 오리안나는 첫 아들을 낳았고 후에 둘을 더 낳았다.

전세는 남군에게 불리하게 돌아갔고, 마침내 남부인들이 두려워하던 소식이 뷰몬트까지 전해졌다. 1865년 4월 9일, 남군의 로버트 리 장군이 북군의 율리시즈 그랜트 장군에게 아포멧톡스에서 항복했고 몇 년을 끌던 내전이 마침내 종지부를 찍은 것이었다. 그러나 버지니아 지방에서는 남군의 항복이 모든 문제의 해결을 뜻하지는 않았다. 아포멧톡스는 뷰몬트에서 60km 밖에는 떨어져 있지 않았는데 승리한 북군 병사들이 인근 마을을 돌며 집과 창고를 약탈하고 방화를 일삼은 것이다.

얼마 후, 북군 병사들이 뷰몬트 근처에 있는 카터의 제분소를 불태웠다는 소식이 전해졌다. 그 소식을 들은 로티의 어머니는 겁에 질려 창백해졌고 출산을 앞둔 오리안나도 어쩔 줄 몰라 우왕좌왕했다. 마침내 냉정을 되찾은 어머니가 자녀를 불러 모아 다급하게 재촉했다. "이러고 있을 때가 아니다. 군인들이 곧 집으로 들이닥쳐서 약탈하고 불을 지를 거야!" 로티와 오리안나는 황급히 피난 준비를 하기 시작했다.

변화의 소용돌이

"우린 음식이랑 옷을 챙길게!" 로티의 어머니가 오리안나의 손을 붙들고 서둘러 식료품 창고로 향하며 소리 질렀다. "로티, 몰리에게 제이콥에 연락해 마차를 집 앞에 대기시키라고 하고, 너와 콜리는 집에 있는 보석과 은제품들을 모아서 어딘가에 묻도록 해!" 로티는 치마를 들어 올리고 부리나케 계단을 뛰어올라 갔다. 동생들에게 어머니의 지시 사항을 알리고는 서둘러 어머니의 침실로 달려가서 옷장 맨 위 서랍을 열었다. 그리고 보석이 든 푸른 벨벳 가방을 꺼냈다. 보석을 전부 쏟아놓고는 벽장에서 베갯잇 두 개를 꺼내 그중 한 개에 보석들을 담았다. 침실을 나온 로티는 계단 위에 멍한 얼굴로 서 있는 콜리의 손을 잡아끌며 소리쳤다. "이리 와, 콜리! 가서 은제품을 찾아보자."

두 자매는 재빨리 아래층 식당으로 향했다. 가는 길에 베이컨을 들고 마차로 달려가는 오리안나의 모습이 보이자 로티가 소리 질렀다.

"언니, 혹시 군인들 봤어?"

"아니! 하지만 멀리 있진 않을 거야!"

언니의 대꾸를 듣자마자 로티는 식당으로 달려갔다. 그리고 들고 있던 베갯잇을 콜리의 손에 쥐어주며 말했다. "여기에 포크와 나이프를 담아. 난 은쟁반이랑 커피 잔 세트를 담을 테니까."

"어떻게 하려고?" 찬장을 열며 콜리가 물었다.

"과수원에 묻을 거야. 얼마 전 땅을 갈았으니까 묻어도 표시가 안 날 거야. 북군들이 절대로 못 찾을 걸." 로티는 재빨리 머릿속에 계획을 세우며 이야기했다.

"좋은 생각이야. 자! 포크와 나이프를 전부 넣었어."

"됐어. 가자!" 은제품들이 가득 든 베갯잇을 들고 로티가 앞장섰다.

집밖으로 나가기 전 우선 벽난로 앞에 있는 삽을 움켜쥐었다. 밖에는 하인 제이콥이 마차를 대기시켜 놓았고 어머니와 오리안나는 마차에 옷을 싣고 있었다.

로티가 그들에게 다시 물었다. “군인들 봤어요?”

오리안나가 그 자리에 멈춰 서서 손으로 햇빛을 가리며 다급하게 외쳤다. “카터 씨 제분소에 연기가 치솟는 것이 보였어. 어서 서둘러야 해!”

로티는 묵직한 베갯잇을 어깨에 둘러메고 한 손에는 삽을 들고 뛰다시피 과수원으로 향했다. 뒤따라오는 콜리의 가쁜 숨소리가 들렸다.

과수원에 이른 두 사람은 숨이 턱까지 차서 헐떡거렸다. “여기에 묻으면 어때?” 콜리가 가쁜 숨을 내쉬며 물었다.

로티는 고개를 가로저었다. “아냐. 너무 잘 보여. 사람들이 찾기 힘든 곳에 묻어야 해.”

두 자매는 베갯잇들을 질질 끌며 나무 사이를 서성거렸다. “여기가 어떨까?” 콜리가 다시 한 곳을 가리키며 물었다.

“괜찮겠다. 나중에 찾아가도록 저 나무에다 우리만 알아볼 수 있는 표시를 해두자.”

로티는 다시 몇 걸음 앞으로 나가 다른 장소를 발견하고서 손으로 땅을 팠다. 콜리도 옆에서 거들었다. 로티는 중간에 손을 멈추고 주위를 둘러보았다. 어느 순간 군인들이 들이닥

칠지 몰랐다. 베갯잇 두 개를 땅속에 파묻고 흙으로 덮자 겉으로 보기에 전혀 표시가 나지 않았다.

로티와 콜리는 집으로 달려와 손을 씻고 다른 일을 거들러 나갔지만 별로 할 일은 없었다. 어머니는 이미 제이콥에게 마차를 몰고 수 킬로미터 떨어진 잡목 숲으로 가서 숨어 있으라고 지시를 내린 뒤였다. 이제 어떤 일이 벌어질지 기다릴 수밖에 없었다. 로티는 그동안 북군이 저지른 만행에 대해 들은 이야기들을 떠올리지 않으려 애썼다. 남부의 많은 농장주가 다른 곳으로 피신했다가 돌아와 보니 집과 건물들이 불에 타서 잿더미로 변해 있고, 가축들은 도살당해 먹이가 되고, 노예들은 뿔뿔이 흩어졌다고 한다. 자신의 가족만큼은 재난을 면하기를 간절히 바랐지만, 어떤 일이 벌어져도 이제 다시는 전쟁 이전의 삶으로 돌아가지는 못할 것이다.

남부 사람들은 북부와의 통일정부가 어떤 결과를 몰고 올지 전혀 예상하지 못했다. 그토록 많은 남부 군인이 북군에게 학살되고 조지아에 엄청난 참변이 일어난 마당에 남부인들이 어떻게 통일정부를 지지한단 말인가? 로티는 북부와 남부 사이에 흐르는 증오와 악감정을 생각하며 한숨을 내쉬었다. 전쟁 이전의 순박했던 생활로 돌아가기는 아무래도 어려울 듯했다. 북부에서 남부의 상황을 어느 정도 고려해 준다고 해도 남부 사람들이 조상 때부터 지어왔던 농사를 계속 하기는 도저히 불가능했다. 에이브러햄 링컨 대통령이 모든 노예의 자유 해방을 선포했고, 남부의 거대한 농장뿐 아니라 대부분 철도마저 파괴된 상태였다. 게다가 일꾼을 구한다고 해도 목화 농사는 더 이상 가망이 없어 보였다. 미국 목화의 대부분을 수입했던 영국이 이제 인도와 손을 잡게 된 것이다.

로티의 가족은 어둠이 덮일 때까지 숨을 죽이고 있었지만 북군은 나타나지 않았다. 그들은 응접실에 모여 현관문 빗장을 단단히 지르고 오리안나의 권총을 옆에 두고는 새우잠을 잤다. 다음날 아침이 되자, 전날 카터 씨 제분소에서 솟은 연기는 화재 때문이 아니라 양 떼를 스코츠빌로 몰고 가며 생긴 먼지 기둥이라는 사실이 밝혀졌다. 모두 안도의 한숨을 내쉬었지만 북군 병사들이 뷰몬트에 들이닥칠 가능성은 여전히 높았기 때문에, 그 후 몇 주 동안 불안한 나날은 계속되었다. 마지막 남은 남군의 병사들이 항복을 하고 난 후에야 마침내 남북전쟁은 공식적으로 막을 내렸다.

로티의 집에 살던 수많은 노예는 소지품을 챙겨 자유를 찾아 북부로 떠났다. 끝까지 로티의 집에 남기로 한 노예들도 있었지만 정작 일거리가 없었다. 다른 농장 주인들처럼 로티의 어머니도 심각한 선택의 기로에 서 있었다. 하인들이 있겠다고 해도 급여를 지불할 돈이 없었다. 로티 가족이 은화를 주고 바꾼 남부 연방 채권은 이제 휴지 조각이나 다름없었다. 설상가상으로 로티와 콜리가 과수원에 묻었던 보석과 은제품도 찾을 수 없었다. 누가 땅을 파고 훔쳐갔는지 아니면 두 자매가 당황해서 정확한 위치를 혼동한 것인지 알 수 없었으나 끝내 그 물건들은 발견되지 않았다. 막막한 생활이 이어졌다.

전쟁 말기에 이르러 어려운 결단을 내려야 하는 상황이 발생했다. 오리안나와 남편 존 앤드루스가 가족을 데리고 앨라배마로 이주하기로 한 것이다. 존의 아버지가 농장을 재건하는 일을 돕기 위해서였다. 아이크는 결혼을 해서 4백 에이커에 이르는 뷰몬트 땅을 차지하고 스스로 농장을 운영하려 시도했지만 결국 실패하여 땅을 팔고 말았다. 이후 로티 가문의 거대한 토지는 조금씩 다른 사람의 손에 넘어가기 시작했다.

그러나 로티의 어머니는 무슨 일이 있어도 에드모니아와 몰리에게 좋은 교육을 시킬 작정이었다. 어머니는 집과 과수원, 가족 묘역을 제외한 뷰몬트의 모든 땅을 소작농에게 빌려 주고 해마다 수확되는 농작물의 3분의 1을 받기로 했다. 그것으로 어머니는 콜리와 함께 생활하며 에드모니아와 몰리를 리치몬드 여자대학에 보냈다. 수입이 거의 학비로 지출

되었기 때문에, 에드모니아와 몰리는 여름방학이 되어도 마차 비용이 없어 집에 갈 수가 없었다.

전쟁이 몰고 온 변화 속에서 로티도 어떤 결정을 내려야 했다. 전쟁 전에는 자기만족을 위해 직업을 구해볼 생각이었으나 이제는 생계 수단이 필요했다. 무슨 일을 할지 고민하던 중에 기회가 생겼다. 브라더스 목사가 켄터키 주 댄빌의 제일침례교회에서 편지를 한 통 받았는데, 교회에서 여학교를 설립할 계획이니 여선생 한 명을 추천해 달라는 요청이었다. 브라더스 목사는 로티를 찾아와 그 편지를 읽는 순간 로티가 제일 먼저 생각났다고 이야기했다. 물론 로티 또한 간절히 바라던 기회였다. 일주일 만에 로티는 짐을 싸고 떠날 채비를 했다.

댄빌이라는 도시도 남부의 다른 지역과 마찬가지로 전쟁이 할퀴고 간 흔적이 역력했다. 수많은 과부와 고아들, 버려진 아이들이 도시를 떠돌았다. 침례교회에서 세운 여학교의 교장 셀프 목사는 매우 자상한 사람이었는데 궁핍한 침례교 목사의 딸에게 장학 혜택을 주었다. 관대한 재정 정책으로 학교 재정은 언제나 적자를 면치 못했지만 로티는 그 학교가 무척 마음에 들었다. 첫해 임기가 끝나자 로티는 이듬해에도 계속 근무하기로 결정하고, 여동생 몰리가 그 학교 교사로 들어오도록 추천했다.

교과 과목을 가르치는 것 외에도 로티는 교회에서 십대 소녀들을 맡아 가르쳤다. 매우 흥미롭고 다양한 방식으로 아이들을 가르쳤기 때문에, 아직 십대가 안 된 소녀들도 그 반에 들어가길 손꼽아 기다릴 정도였다. 로티는 시간을 내어 중국에서 의료 선교사로 일하던 남 침례교 출신의 조지 버튼을 찾아가곤 했다. 버튼 선교사는 남북전쟁이 일어나기 직전에 미국으로 돌아왔지만 전쟁으로 인한 재정 부족으로 중국으로 돌아가지 못하고 있었다. 결국 그는 중국에서 일하는 동료 선교사들을 위해 재정을 후원하기로 하고 기회가 있을 때마다 교회를 돌며 중국의 선교 상황에 대해 이야기했다.

로티는 버튼 선교사가 들려주는 이야기에 귀를 기울였다. 선교사가 되고 싶은 마음이 은근히 싹트기는 했지만, 그것은 두 가지 이유로 희망에 불과했다. 첫째, 로티는 독신 여성이었고 남 침례교단에서는 오직 결혼한 부부들만 선교사로 파송했다. 둘째, 남북전쟁이 끝난 이후로 어느 침례교회에서도 선교사를 파송하지 않았다. 새로운 선교사를 후원할 재정이 없었기 때문이다. 심지어 교단에서는 파송한 몇 명의 선교사들을 귀국 조치하기도 했다.

로티는 정기적으로 가족들과 편지를 주고받았다. 하지만

어머니에게서 오는 편지에는 우울한 소식뿐이었다. 집안 형편이 갈수록 기우는지 어머니는 로티에게 토지세를 지불할 돈을 더 많이 보내달라고 부탁했다. 콜리도 집을 떠나 버지니아의 브리스톨에서 교사로 일했고, 대부분 급여를 집으로 보내 뷰 가문의 땅을 잃지 않으려 애썼다.

뷰몬트의 땅을 잃을지도 모른다는 절박한 상황과 더불어 어머니를 상심하게 한 일이 또 있었다. 로티의 두 여동생 몰리와 콜리가 천주교로 개종을 하겠다고 선언한 것이다. 게다가 콜리는 수녀가 되고 싶다는 의향까지 비쳤다. 어머니에게는 엄청난 충격이었다. 그 지역에서 가장 큰 침례교회를 설립한 사람이 바로 작고한 아버지였고, 어머니 또한 자녀가 가족의 전통에 따라 침례교인이 되도록 키웠건만 두 딸이 천주교로 개종한다는 건 상상을 초월하는 일이었다. 편지를 통해 상한 마음을 토로하는 어머니에게 로티는 여동생들의 결정을 인정하고 사랑으로 받아 주라고 권면했다. 그러나 어머니는 충격에서 벗어나지 못했을 뿐 아니라 살아갈 의욕마저 잃어버렸다. 침대에 누워 아무것도 입에 대지 않은 채 멍하니 허공만 응시할 뿐이었다. 로티는 서둘러 집으로 돌아왔지만 어머니를 설득하기에는 역부족이었다. 결국 어머니는 1870년 6월 21일, 61세의 일기로 세상을 떠나고 말았다.

어머니의 유언에 따라 모든 자녀에게 토지가 분배되었으나 돈은 얼마 되지 않았다. 분배한 토지의 가격도 전쟁 전에 비해 엄청나게 떨어졌다. 로티도 유산을 받기는 했지만 그 돈으로 생활하기는 불가능했고 계속 일을 하거나 결혼을 해야 할 형편이었다.

그해 가을, 로티는 지난 4년간 가르쳤던 댄빌의 여학교로 돌아갔다. 로티는 역사, 문법, 문학 과목의 학과장으로 승진했고, 안나 새포드라는 여교사가 부임했다. 안나가 가르칠 과목은 다행히도 로티가 가장 자신 없어 하는 수학과 천문학이었다.

로티와 안나는 여러 면에서 비슷한 점이 많았다. 로티보다 세 살이 많은 안나는 지적인 독신 여성으로, 활달하면서도 상냥했고, 독실한 그리스도인이었다. 또한 남북전쟁으로 가족의 재산을 잃었다는 점도 로티와 비슷했다.

그러나 다른 면도 있었다. 안나는 장로교인이었고 로티는 침례교인이었다. 몇 번의 논쟁을 거치며 두 사람은 더는 세례나 다른 교리상 문제로 다투지 않기로 하고 서로 동의하는 것들만 이야기하기로 했다. 곧 두 사람은 절친한 사이가 되었고, 한 가지 공통 관심사도 발견했다. 두 사람 모두 선교사의 꿈을 품고 있다는 것이었다. 그러나 독신 여성을 선교사로 파송해 줄 교회가 있을리 만무했다.

꿈이 현실이 될 가능성은 희박했지만 두 사람은 필요한 곳에서 쓰임 받고 싶었다. 그들은 여학생을 가르칠 교사가 많이 부족한 곳으로 가야 할지를 의논했다. 남북전쟁은 남부 사회에 많은 변화를 가져왔다. 이전에는 결혼을 해서 남편에 의지해 편안한 삶을 살고자 했던 소녀들도 이제는 자립할 방도를 마련해야 했다. 전쟁에서 죽은 남군의 숫자는 십삼만 오천 명에 이르렀기 때문에 남편감을 구하는 것조차 쉽지 않았다. 더구나 전쟁에서 살아남은 남자들도 부상을 당하거나 땅과 재산을 잃은 상태였다.

1871년 3월, 로티는 사촌오빠 플레전트 문에게서 편지 한 장을 받았다. 버지니아로 옮겨간 플레전트는 조지아 주의 카터스빌이라는 지역에서 성공한 사업가가 되어 있었다. 편지에는 그와 몇 명의 사업가가 위원회를 조직해 여학교를 설립하기로 했는데, 이미 등록한 여학생들도 많고 학교 건물까지 정해두었기 때문에 교사만 있으면 학교를 시작할 예정이라고 했다.

편지를 읽는 로티의 가슴이 세차게 뛰었다. 드디어 기다리던 기회가 온 것일까? 로티는 안나에게 그 소식을 전하려고 재빨리 방을 나섰다.

Chapter 5

널 파송해 줄 거야

남쪽으로 달리는 기차 안에서 로티 문과 안나 새포드는 차창 밖으로 스치는 풍경을 물끄러미 내다보았다. 해마다 이맘때면 남부는 신록으로 덮였다. 그러나 시골 지역도 전쟁이 남긴 상처로 얼룩져 있었다. 한때 드넓은 농경지에 우람하게 서 있던 대저택과 거대한 굴뚝들이 흉측하게 파괴되어 번창했던 시절의 흔적을 보여 주고 있었다. 커다란 굴뚝을 바라볼 때마다 뷰몬트에서의 부유했던 생활이 떠올랐다. 지금과는 천지 차이의 삶이었다.

마침내 기차가 조지아 주의 카터스빌 역으로 들어섰다. 플레전트 문이 기다리고 있다가 기차가 멈추어 서자 "안녕, 아가씨들!" 하고 소리 질렀다. 로티가 창밖을 내다보며 반갑게 손을 흔들었다. "플레전트 오빠, 다시 만나서 정말 반가워!" 로티는 짓궂은 미소를 띠며 말했다.

플레전트도 껄껄 웃으며 대꾸했다. "로티, 너 여전하구나." 그러고는 모자를 벗어 살짝 고개를 숙이며 옆에 있는 안나를 향해 물었다. "새포드 양이신가요?"

안나가 미소를 지었다. "예, 그래요. 이렇게 만나 뵙게 되어 반갑습니다."

플레전트는 함께 온 사람에게 "여기 숙녀들이 기차에서 내릴 때까지 기다리게. 내가 짐들을 받아올 테니까"라고 말했다.

로티와 안나가 기차에서 내리는 사이 플레전트는 두 사람의 짐 가방을 찾아 마차에 실었다. 그러고는 두 사람이 마차에 올라 좌석에 앉도록 옆에서 거들었다.

"그동안 잘 지냈니, 로티? 여기까지 오느라 많이 피곤하겠구나." 마부에게 길을 안내하며 플레젠트가 로티에게 물었다.

"마차를 탈 때처럼 피곤하지는 않아. 기차로 오니 훨씬 편하고 좋네. 학교 소식이 너무 궁금해. 잘 진행되고 있어?"

로티의 질문에 플레전트는 잠시 난감한 표정을 지었다. 로티가 정색을 하고 다시 물었다. "무슨 일이 있는 거야, 오빠?"

"아니, 무슨 일이 있다기보다, 학생들도 들어왔고 학교 건물도 있고…." 플레전트가 다시 말꼬리를 흐렸다.

"학교 건물은 어때?"

"그게 말이지, 건물을 구하기가 무척 힘들었거든. 너도 분명 그 점을 이해할 거다. 북군들이 건물마다 전부 불을 질렀단다. 다행히 오래 된 공장 건물 하나를 찾아냈지. 방이 세 개인데, 한 개는 크고 두 개는 작단다. 난로들은 전부 부서져 버렸고."

플레전트는 무안한 표정으로 로티를 바라보았다. 그가 미안해 하는 이유를 알 것 같았다. 로티는 부유한 가정에서 무엇 하나 부족한 것 없이 자란 사람이었다. 그런데 보수도 낮은 데다 낡은 공장이었던 건물에서 아이들을 가르쳐 달라고 부탁을 해야 하니 그럴 수밖에 없었다.

로티는 일부러 아무렇지 않다는 표정을 지었다. "오빠, 상황이 달라졌잖아. 나도 이제 예전의 내가 아니야. 낡은 공장이든 어디든 카터스빌에 사는 아이들을 가르칠 수만 있다면 우리는 만족할 거야."

순간 일종의 안도감이 플레전트의 얼굴을 스쳤다. 잠시 후 그는 약간 머뭇거리면서 다시 말문을 열었다. "전단지도 돌리고 수많은 사람을 만나 이야기했지만 지금까지 등록한 여학생이 7명밖에 안 된단다."

"그 정도면 충분히 시작할 수 있겠네." 로티는 스스로 위안하려고 더 쾌활한 목소리로 대꾸했다. 곧 마차가 플레전트의 집 앞에 멈추어 섰고 로티와 안나는 원하는 만큼 그 집에 머물 수 있었다.

학교 건물로 사용될 공장을 방문한 로티는 실망이 이만저만이 아니었다. 제대로 갖춰진 기물이라고는 없었다. 책상도 없었고, 건물 주위에는 잡초가 무성하게 자라 있었으며, 깨진 창문도 여러 개였다.

로티는 안나에게 다시 용기를 내어 쾌활하게 말했다. "이제부터 바빠지겠는걸. 우선 무엇이 필요한지를 생각해서 목록을 만들자."

곧 두 사람은 낡은 공장을 학교로 만드는 일에 착수했다. 물건들을 살 만한 재정도 없는 상태여서 자신들의 돈으로 책과 과학 장비, 피아노 한 대와 오르간 한 대를 장만했다. 건물 주변의 무성한 잡초를 뽑아내고 나무와 꽃도 심었다.

학교가 문을 열자 빠르게 소문이 퍼져나갔다. 일주일 후에는 등록 학생이 30명에 이르렀고 두 달이 지나서는 백여 명의 여학생들이 모였다. 그리하여 두 교사는 카터스빌 여학교를 운영하느라 눈코뜰새 없이 바빴다. 그러나 로티는 그것으로도 부족했는지 교회 주일학교에서도 가르치기 시작했다. 일을 할수록 열정과 힘이 솟는 듯했다. 때로 그 지역의 침례교회의 히든 목사와 함께 마을의 교인을 심방하기도 했다.

어느새 1년이 지나고 카터스빌 사람들은 신설 여학교가 마음에 들었는지, 다음 학기에 더 많은 학생이 지원하여 로티와 안나는 수업이 시작되는 날을 손꼽아 기다렸다.

그러던 중에 두 사람을 흥분으로 몰아넣는 한 사건이 발생했고, 로티의 마음이 온통 뒤흔들리고 말았다. 1872년 4월 16일, 로티는 막내 여동생 에드모니아에게서 한 장의 편지를 받았다. 너무 놀라운 내용이어서 로티는 연거푸 세 번을 읽고서야 내용을 받아들일 수 있었다. 독신인 에드모니아가 중국 선교사로 파송을 받았고, 더 놀라운 것은 로티가 그 편지를 읽고 있는 시각에 에드모니아는 벌써 중국을 향해 가고 있다는 사실이었다!

어느 정도 정신을 차리고나서, 로티는 막내 여동생이 독신 여선교사로 중국에 갈 수 있었던 과정을 하나씩 떠올려보았다. 에드모니아는 리치몬드 여학교에서 선교사 비서 일을 하고 있었는데, 주 업무는 1851년부터 중국 선교사로 일하고 있는 탈레튼 크로포드 선교사와 그의 부인 마사에게 연락을 하는 것이었다. 에드모니아는 그들이 사역하고 있는 중국의 텡초우에서 벌어지는 일들을 이따금씩 로티에게 이야기한 적이 있었고, 언젠가 두 자매는 45달러 정도 되는 금을 보내 마사 크로포드가 학교를 열도록 후원한 적도 있다. 당시 두 자매에게 그것은 매우 큰돈이었다.

에드모니아는 남 침례교 선교위원회에서 남 캐롤라이나 출신의 룰라 윌덴이라는 독신 여성을 파송하기로 결정했다고 편지에 썼다. 룰라 윌덴은 언니 부부와 함께 중국 광저우에 가서 중국 여인들을 위한 사역을 도울 예정이었다. 선교위원회에서 룰라의 파송을 허락한 이유는 룰라가 혼자 사역하지 않고 결혼한 언니 부부와 함께 살며 일할 계획이었기 때문이다. 그러나 선교위원회에서 이미 독신 여성을 선교사로 중국에 파송하는 전례를 남겼기 때문에 에드모니아 또한 동일한 기회를 얻게 되리라는 기대를 걸고 마사 크로포드에게 편지를 써서, 텡초우에서 일하는 그들과 함께 살며 일하고 싶다고 했다. 마사는 에드모니아를 초청하는 편지를 보내주었고, 에드모니아는 선교위원회에 자신을 파송하여 중국에 있는 크로포드 선교사 부부를 돕게 해 달라고 간청했다. 결국 위원회는 에드모니아의 청을 받아들였고, 파송을 허락하게 된 것이다. 다만 중국에 도착하는 경비와 생활비는 후원금이 모일 때까지 에드모니아가 감당하기로 했다.

21살의 에드모니아는 기회를 놓치지 않고 중국으로 향하는 배에 올랐다. 로티가 편지를 읽을 즈음이면 에드모니아는 이미 태평양 한 가운데를 항해하고 있을 것이라고 편지에는 써 있었다. 에드모니아의 편지를 보여 주자 안나 역시 놀라워했다.

"정말 믿기지 않는 일이야. 침례 교단에서 스물한 살의 독신 여성을 선교사로 파송하다니! 그렇다면 로티, 너라고 파송 안 해 줄 이유가 없지 않겠니?"

사실 로티도 같은 생각을 하고 있었다. 그해가 지나는 동안 로티는 남 침례교 선교위원회의 비서관인 헨리 터퍼 목사에게 편지를 써서 자신도 중국에 선교사로 파송해 줄 수 있는지 문의했다. 또 에드모니아에게도 편지를 보내 자신이 그곳에 가서 도울 만한 사역이 있는지 물었다. 에드모니아가 보낸 답장에는 탈레튼 크로포드 선교사가 로티를 그곳 학원 사역에 적임자라고 생각한다고 써 있었다. 또한 답장 말미에 에드모니아는 로티가 그곳에 가는 것이 하나님의 뜻이 아니라고 단정할 여지는 조금도 없으며, 고국에서 훌륭한 일을 하고 있지만 누군가 로티의 자리에서 일할 수도 있지 않겠느냐고 반문했다. 그러면서 중국에는 하나님을 위해 일할 사람이 없다고 말했다. 우선 중국에 오려는 선교사가 많지 않고,

사람이 온다고 해도 로티만큼 자격을 갖추었는지가 문제라고 썼다.

그 즈음, 로티가 다니는 카터스빌 마을의 침례교회에서는, 담임목사인 히든 목사가 지역구 목회자 모임에 다녀온 후에 선교에 대한 불붙는 열정으로 온 교인들에게 복음을 들고 외국에 나가 선교해야 한다고 역설했다. 어느 날 히든 목사는 교인들을 향해 선교에 헌신해야 한다는 감동적인 설교를 했다. 그날 로티는 예배당을 나와서 서둘러 집으로 향했다. 점심과 저녁식사도 거른 채 로티는 종일 자신의 미래를 인도해 달라고 하나님께 간절히 기도했다. 그리고 그날의 기도를 통해 한 가지 흔들리지 않는 확신이 섰다. 하나님이 자신을 중국의 선교사로 보내신다는 사실이었다. 그 이야기를 안나에게 하자 놀랍게도 안나도 하나님께 동일한 사명을 받았다고 말했다. 그리하여 안나는 장로교단의 파송을 받아 중국 선교사로 떠나기로 결정이 되었다.

1873년 6월 2일은 로티의 생애에서 매우 힘든 하루였다. 로티와 안나가 카터스빌 여학교의 모든 학생에게 중국 선교사가 되어 떠난다는 사실을 공식적으로 밝히는 날이었기 때문이다. 많은 여학생이 두 여선생님의 고별사를 들으며 훌쩍거렸다.

학부모 가운데는 전혀 이해하지 못하는 사람들도 있었다. 그들은 플레전트 문과 다른 이사들에게 유능한 여선생들이 왜 머나먼 이교도의 나라까지 가서 아까운 재능을 썩히게 하느냐고 항의했다. 미국 남부의 소녀들도 교육을 받으려고 줄을 서 있지 않은가?

그러나 시간이 지나면서 학부모들의 조바심도 진정이 되고 두 사람의 자리를 대신할 교사도 채용되었다. 새로운 교사가 부임함과 동시에 로티는 지금이야말로 중국으로 떠나는 일에 온 신경을 쏟아야 할 때라고 생각했다.

카터스빌 마을의 제일침례교회에서는 자신의 교회를 다니던 교인 가운데 한 명이, 그것도 독신 여성이 선교사가 되어 중국으로 간다는 사실에 대단한 자부심을 느꼈다. 그리하여 교회의 여성도는 여선교회를 따로 조직해 로티를 기도와 재정으로 후원하기로 했다.

로티는 중국으로 가는 배표를 구입했다. 돛이 3개 달린 '코스타리카'라는 이름의 횡범 선박(가로돛을 단 배 – 편집자 주)이었다. 샌프란시스코에서 출항하는 날짜는 1873년 9월 1일이었다. 미국 횡단 열차를 탄다면 샌프란시스코까지 2주 정도 걸릴 것이다. 그때까지 한 달 정도 시간이 있기 때문에, 로티는 먼저 오리안나 언니 가족을 보고 가기로 했다.

오리안나와 남편 존 앤드루스는 앨라배마 주와 테네시 주 경계에 있는 로더데일카운티라는 지역에 살고 있었다. 오리안나는 6명의 아들을 낳았지만 3명은 어릴 때 세상을 떠났다. 오랜만에 다시 만난 두 자매는 반갑게 재회했다. 오리안나는 짬이 나는 대로 약품 사용법과 환자 치료하는 법을 자세하게 가르쳐 주었다. 저녁이 되면 로티는 친한 사람들에게 편지를 써서 자신이 중국에 가려고 하는 이유와 목적을 설명했다. 그리고 남 침례교회들에게 공개적인 편지를 보내기도 했다. 적절한 표현을 찾아 고심하며 교회 청년들에게 선교에 헌신하도록 권면하고 편지의 마지막 부분에는 이렇게 덧붙였다.

선교위원회에서는 여성들에게도 새로운 사역의 기회를 확대하고 있습니다. 이러한 사역들이야말로 천사도 흠모할 것입니다. (중략) 그리스도인 여성들에게 가장 명예로운 일이 무엇입니까? 하나님의 이름을 한 번도 듣지 못한 사람들에게 주님을 증거하는 일이 아니겠습니까? 주 예수님의 진정한 제자로 사는 삶이야말로 마음과 생각에 완전한 만족을 주는 유일한 삶입니다.

로티의 편지는 매우 설득력 있었지만, 정작 로티 자신은 지구 반대편 나라에서 기다리고 있을 새로운 삶과 난관을 예측할 수 없었다.

마침내 오리안나 언니에게 작별을 고해야 할 시간이 다가왔다. 어쩌면 두 번 다시 언니와 조카를 볼 수 없을지도 몰랐다. 침례교단의 선교 방침에 따르면 로티는 '회생 불능의 건강 상태에 이르거나 죽음에 이를 때까지' 중국에 있어야 했다.

그래도 중국에서 에드모니아를 만날 수 있기에 한 가닥 위안이 되었다. 그런 면에서는 앞서 중국으로 건너간 어떤 선교사들보다 다행인 셈이었다. 그렇다 하더라도 고국과 가족을 영영 떠난다고 생각하니 차마 발길이 떨어지지 않았다. 몰리는 윌리엄스 셰퍼드라는 의사와 결혼해서 버지니아의 노포크에 살고 있었고 콜리는 워싱턴 디시의 재무부에서 근무하고 있었다. 작은 오빠 아이크와 그의 가족은 고향 뷰몬트로 돌아가 그럭저럭 생계를 꾸려나갔다.

로티를 태운 기차는 시간당 35km의 속력으로 미국 대륙의 서쪽 끝인 샌프란시스코를 향해 달려갔다. 미국 횡단 철도는 5년 전에 개통되었는데, 동부의 세련된 도시들을 벗어나 서부로 갈수록 광활한 대초원 지대가 펼쳐지고, 웅장한 로키 산맥을 지나는 대장정이 이어졌다. 로티는 몇 시간씩 창밖의 풍경을 내다보았다. 그렇게 숨 막히도록 아름다운 광경은 처음이었다. 이미 외국 땅에 와 있는 것 같은 착각이 들 정도였다. 마침내 산맥의 모습이 서서히 시야에서 사라지고 샌프란시스코와 태평양을 향한 마지막 여정에 들어섰다. 이제 태평양을 건너기만 하면 중국이라는 전혀 낯선 세계가 펼쳐질 것이었다.

Chapter 6

마침내 중국으로

코스타리카 호는 샌프란시스코 항의 잔잔한 바다 위에 정박해 있었다. 기차로 샌프란시스코에 도착한 지 이틀 만에 로티는 배에 올랐다. 선교사라는 새로운 삶의 발걸음을 내딛는 순간이었다. 선객 중에 독신 여성으로 항해에 오른 사람은 로티뿐이었다. 얼마 못 가 로티는 배에 타고 있는 거의 모든 사람들과 친해졌다. 그중에는 일본과 중국에 선교사로 가는 부부 여섯 쌍이 있었다. 그들은 각기 다른 교파에서 파송받은 사람들이었다.

출항 준비가 끝나자 배가 앞으로 나가기 시작했다. 바다는 잔잔했고, 선객들은 카드나 체스를 하기도 하고 강의를 듣거나 독서를 하며 무료한 시간을 달랬다.

항해는 순조로웠지만 9월 21일 일본의 요코하마 항이 가까워지자 육지를 밟는다는 생각에 기쁘기 그지없었다. 로티에게는 난생 처음의 항해였기 때문에 끊임없이 흔들거리는 배에 적응하기가 쉽지 않았다.

코스타리카 호는 일본의 요코하마 항에 잠시 정박한 후에 다시 고베 항과 나가사키 항에 차례로 정박했다. 항구에 정박할 때마다 로티는 도시를 구경하고 싶은 마음에 배에서 내려 인력거를 타고 시내를 구경했다. 보는 것마다 마냥 신기하고 흥미로웠다. 특히 잘 손질된 잔디밭과 바위와 연못이 어우러진 정원이 눈길을 끌었다. 모든 것을 세세히 기억했다가 고국에 있는 가족들에게 편지로 전해 주고 싶었다.

1873년 9월 28일, 코스타리카 호는 나가사키 항을 출발해 중국 상하이로 향했다. 그런데 며칠 밖에 안 걸리는 항해 도중에 태풍을 만나고 말았다. 나가사키 항을 떠난 첫 날 예고 없이 사나운 폭풍이 휘몰아쳤다. 로티는 선실에 들어가 불을 끄고 잠자리에 누운 상태였다. 갑자기 배가 심하게 요동치는 바람에 몸을 가눌 수가 없어 침대 위를 구르기 시작했다. 곧 이어 무언가가 둔탁한 소리를 내며 선실 벽을 내리쳤다. 또 얼마 후 다른 쪽 벽을 강타하는 소리가 들렸다. 로티는 침대에 앉아 간절히 기도를 했다. 유리가 깨지고 나무가 쪼개지는 소리들이 들릴 때마다 가슴이 조마조마했다. 이러다가 중국에 도착하지 못하는 것은 아닐까? 밤새 휘몰아치던 태풍은 다음날 아침이 되자 더 기세가 등등해졌다. 동이 터 오는 것을 보고 로티는 외투를 걸쳐 입고서 바깥 사정을 보기 위해 선실 문을 나섰다. 그리고 거센 바람에 맞서 몸의 균형을 잡으며 난간을 붙들고 천천히 한 걸음 한 걸음 앞으로 나가 식당으로 들어갔다. 식당 안에는 깨진 유리와 그릇들이 바닥에 어지럽게 널려 있고 창문을 포함해서 벽면이 완전히 사라지고 없었다.

"로티, 이리로 와요!" 화이트헤드라는 선교사가 사납게 불어대는 바람 속에서 로티에게 소리 질렀다. 로티는 선교사 부부들이 모여 앉은 식당 구석을 향해 비틀거리며 걸어갔다.

"어떻게 된 거죠?" 로티의 물음에 화이트헤드 선교사가 대답했다.

"선원들이 갑판에 올라가서 돛이 부러지지 않도록 애를 쓰고 있어요. 다른 선객들은 지금 아래층에서 위스키를 마시고 있지요. 어떤 사람들은 너무 취해서 배가 저수지 위를 가고 있다 해도 비틀거릴 판이에요."

"어쨌든 여기서 선교사님들을 뵙게 되니 반갑네요. 하나님이 이 배가 무사히 항해하도록 도와주실 거예요."

함께 모인 선교사들은 오전 내내 함께 찬송을 부르고 기도를 했다. 정오가 되자 태풍의 기세가 잠시 꺾이는 것 같았으나, 아직 안전하지는 않았다. 배가 너무 심한 손상을 입었기 때문이다. 방향타는 파도에 휩쓸려 사라졌고 주 돛대가 부러졌으며 상갑판의 상당 부분도 떨어져 나갔다. 이제 배의 방향을 바꿀 방도가 없어 배는 이리저리 표류하기 시작했다.

그러나 마침내 선장과 선원들이 어느 정도 배를 통제할 수 있게 되었고, 코스타리카 호는 나가사키 항으로 되돌아갔다. 육지가 보임과 동시에 모든 사람들이 안도의 탄성을 질렀다. 항구에 정박하자마자 곧 배를 수리하기 시작했다. 너무 지치고 탈진한 로티는 이틀간 선실에 누워 있다가 겨우 배에서 내려 네덜란드 개혁파교회 소속의 선교사들 집에서 잠시 신세를 지기로 했다. 일주일 만에 코스타리카 호는 수리를 끝내고 다시 항해 길에 올랐다.

이번에는 태평양을 횡단했던 때처럼 순조롭게 상하이에 도착했다. 로티가 마침내 중국 땅에 첫 발을 내딛은 날은 1873년 10월 7일이었다. 항구에는 탈레튼 크로포드 부부와 예이츠 목사가 나와 있었다. 세 사람은 로티를 데리고 예이츠 목사의 집에 가서 며칠을 머물렀다.

에드모니아가 마중을 나오지 않아 약간 이상하다는 생각이 들었다. 탈레튼 선교사는 현재 자신의 집에 2층을 올리는 공사를 하고 있기 때문에 에드모니아가 건축 상황을 감독하려고 남았음을 설명했다. 2층에 짓고 있는 4개의 방은 에드모니아와 로티가 사용할 방이었다. 물론 이해는 갔지만 빨리 여동생을 만나고 싶었다. 탈레튼 선교사는 개인적인 사업 때문에 상하이에서 1주일을 더 머물러야 한다고 했다. 탈레튼 선교사의 부인 마사의 설명에 의하면 남북전쟁 동안 중국의 선교사들은 거의 재정적인 후원을 받지 못했다고 한다. 그래서 탈레튼 선교사는 귀국을 하기보다 스스로 사업을 해서 재정을 충당하기로 결정하고 중국의 부동산 사업을 시작했으며, 상하이에서도 부동산 관련 업무를 보는 중이라고 했다.

탈레튼 선교사를 기다리는 동안 마사는 로티를 데리고 상하이 시내를 구경시켜 주었다. 외국인들이 모여 사는 국제 거류지도 방문했다. 혼잡한 시내 거리들을 지나는 동안 모든 광경이 인상 깊게 눈에 들어왔다. 중국 풍습에 따라 전족(여자의 발을 어릴 때부터 헝겊으로 동여매 자라지 못하게 하는 것 – 역주)을 한 여인들이 절뚝거리며 걸어 다니는 모습이 몹시도 안타까웠다. 시장에 들어서니 이제껏 보지 못한 진풍경이 펼쳐졌다. 로티도 시골에서 자랐지만 중국의 시장 풍경과는 비교가 되지 않았다. 멀리서도 온갖 냄새들이 풍겼다. 햇빛에 말린 생선에서는 비릿한 냄새가 났고 닭고기에서는 약간 상한 냄새가 났다. 전혀 정체를 알 수 없는 냄새들도 있었다. 하지만 재스민이나 오렌지 꽃향기 같은 향긋한 냄새도 있었다.

시장은 여기저기에서 사람들이 온갖 물건을 사고파느라 혼잡하기 이를 데 없었다. 시장통마다 바닥에 신발들을 진열해 놓거나 바지와 웃옷, 말린 생선, 과일과 야채를 파는 행상인이 줄줄이 늘어서 있었다. 로티가 생전 처음 보는 야채나 과일도 많았다. 로티는 마사를 따라다니며 시장을 구경하는 내내 신기한 풍경에 입을 다물지 못했다.

상하이에 머무는 동안 로티는 마사에게 텡초우에서의 생활이 어떠한지 이야기해 달라고 부탁했다. 이제 곧 탈레튼과 마사 부부를 따라 텡초우로 가게 될 것이다. 마사의 설명에 따르면, 상하이와 텡초우는 의외로 다른 점들이 많았다.

"상하이는 잘 알려진 것처럼 조약 항(treaty port)이잖아요. 그래서 외국 문물에 대해 별로 상관하지 않는 편이지요. 조약에 이곳에서 기독교를 믿는 것은 외국인이나 중국인이나 자유라고 되어 있어요. 하지만 조약 항을 벗어나면 사정이 다르지요. 어려움이 많아요."

"어떤 어려움이 있나요?" 로티가 물었다. 마음 한편에서는 혹시나 에드모니아가 중국에서의 사역을 너무 낙관적으로만 이야기한 것이 아닌가라는 의구심이 들기도 했다.

"글쎄요. 예를 들면, 중국인들은 우리가 지나가면 침을 뱉으며 서양 귀신들이라고 부르죠." 잠시 로티를 올려다 본 후에 마사가 재빨리 말을 이었다. "물론 위협에 지나지 않지만, 좀 심할 때도 있어요. 우리는 친분이 있는 중국 여인들의 집을 매일 심방했는데, 지난달에는 잠시 못하게 된 일이 있었지요. 한 무리의 남자들이 곤봉과 칼을 휘두르고 야유를 퍼부으며 우리가 가는 곳마다 따라오는 거예요. 한참을 따라오며 머리를 잘라버리겠다고 소리를 지르더군요. 너무 위험하다는 생각이 들어 한동안 심방하는 일을 삼가기로 했어요."

"그래요?" 로티는 할 말을 잃었다. "그럼, 에드모니아는 어떻게 생활하고 있나요?"

"잘 하고 있어요, 대체적으로." 대답하는 마사의 표정이 약간 어두워졌지만 더 자세한 이야기는 덧붙이지 않았다. 마사를 붙들고 동생이 어떻게 지내는지 정확하게 말해 달라고 하기에는 약간 어색한 상황이어서 텡초우에 가서 직접 알아보기로 했다.

탈레튼 크로포드는 업무가 예상보다 오래 걸리자 기분이

상한 듯했다. 그래서 마사와 로티만 먼저 텡초우로 가기로 했다. 로티는 다시 배에 올랐다. 배는 엔타이를 따라 산둥반도를 거슬러 올라갔다. 두 여인은 하트웰즈라는 선교사 부부 집에서 하룻밤을 묵은 후에 샨체라는 것을 타고 육로로 텡초우로 갔다. 텡초우는 해안에 있는 도시인데 육로로 간다는 게 이상했다. 마사는 텡초우 부근 바다에는 침적토가 많이 쌓여 있어 큰 선박들은 들어갈 수가 없다고 설명해 주었다.

샨체는 바퀴 없는 마차와 비슷했다. 긴 장대의 양 끝을 노새 두 마리에 매달고 앞뒤로 나란히 걷게 했다. 보기에는 편안하고 재미있었지만 얼마가지 않아서 실상을 알게 되었다. 가마가 이리저리 사정없이 기울고 흔들리는 바람에 온 몸이 멍이 들 정도로 아프고 뼈마디가 쑤셨다.

이틀 동안의 기나긴 여정 끝에 마침내 거대한 성벽으로 둘러싸인 텡초우 시의 모습이 눈에 들어왔다. 난생처음 보는 웅장한 모습이었다. 진흙 벽돌로 지은 회색 성벽은 이천년이나 된 것들이었다. 로티의 호기심을 자극한 것은 성벽이 작은 나룻배들이 안전하게 드나들도록 지어졌다는 점이다. 항구 변을 따라 성벽이 이어졌다가 수로가 있는 곳에서 성벽이 끊어지고 수로에는 거대한 나무 문이 달려 있어 나룻배들이 들어오고 나갈 때마다 열리고 닫혔다.

"로티, 저기가 교회 탑이에요!" 마사가 가리키는 곳을 바라보니 지평선 위에 우뚝 솟은 건물에 십자가가 달려 있고 그 밑에는 중국식으로 날렵한 곡선이 진 대문이 있었다. "제 남편은 3천불이나 되는 사비를 털어 저 건물을 지었지요. 하지만 그만한 가치는 있는 것 같아요. 멋있지 않아요?"

"예, 확실히 돋보이네요." 로티는 건물을 바라보며 답했다.

얼마 후 두 사람이 탄 샨체가 선교회 건물 앞에 멈춰 섰다. 탈레튼 선교사가 로티와 에드모니아를 위해 짓고 있다는 2층 개축 공사가 한창이었다.

마사가 문지기에게 중국어로 뭐라고 이야기하자 문지기가 얼른 문을 열어 주었다. 자신의 새로운 집이 될 건물 안마당으로 들어섰건만 노새 여행으로 지친 다리 때문에 제대로 걸을 수가 없었다. 에드모니아가 문을 열고 나오는 모습이 보였다. 전과 별로 달라지진 않았지만 약간 마른 것 같았다. 로티는 얼른 달려가 그리웠던 동생을 껴안았다.

오랜만에 만난 두 자매는 할 이야기가 끝이 없었다. 에드모니아는 고국에 있는 가족들의 안부를 물었고, 로티는 에드모니아가 그 동안 텡초우에서 어떻게 살았는지 궁금해 했다. 차를 마시며 이야기를 나누던 로티는 에드모니아가 기침을 심하게 한다는 사실을 눈치챘다. "너, 어디 아픈 거 아니니?"

로티의 질문에 에드모니아는 힘 없이 미소를 지었다.

"여기서 사는 게 쉬운 일은 아니야. 어떤 때는 너무 힘들어."

"왜? 무슨 일 때문에?"

에드모니아는 듣는 사람이 없는지 주위를 둘러본 후에 목소리를 낮추어 말했다. "지금 탈레튼 씨가 짓고 있는 이층 건물 말이지, 그게 보통 말썽거리가 아니야."

"말썽거리라니? 무슨 문제가 있는 거야?"

"높이 짓기 때문이지. 중국인들은 집이나 건물을 지으면 반드시 주변에 벽을 둘러쌓아. 인구가 밀집되어 있기 때문에 그렇게 하지 않으면 사생활 보호가 안 되기 때문일 거야."

로티가 고개를 끄덕였다. "음, 그런데 2층을 올리는 게 왜 문제가 된다는 거야?"

"중국인들이 높은 건물을 짓지 않는 이유는 누군가 위에서 다른 사람의 안마당을 내려다 볼까 봐 그런 거야. 탈레튼 크로포드 씨가 이 집에 2층을 올리려고 하니까 이곳 주민들이 거세게 항의를 한 거지. 중국 남자들은 탈레튼 씨가 남의 집 여인들을 몰래 훔쳐보려 한다고 생각해. 그래서 막대기랑 돌을 들고 문 앞에 모여들었지 뭐야."

"그래서 어떻게 됐어?"

"텔레튼 씨가 총을 들고 나와서 서 있는 사람들을 향해 총부리를 겨누었어. 사람들이 겁에 질려 도망가긴 했지만 그것으로 일이 끝난 것 같지는 않아. 사람들은 잔뜩 성난 표정이었어."

로티는 한동안 입을 열지 않았다. 중국에서 이십 년이 넘게 선교 사역을 한 사람이 어떻게 수많은 중국인에게 의혹과 미움을 살만한 일을 시작했는지 이해가 되지 않았다.

에드모니아가 다시 말을 이었다. "그리고 또 한 가지 중요한 문제가 있어. 미국 사람은 나나 언니처럼 독신 여선교사가 결혼한 선교사와 함께 지내는 것을 아무렇지 않게 생각하지만, 중국인들은 우리를 어떻게 생각하는지 알아?"

"어떻게 생각하는데?" 로티가 천천히 되물었다. 에드모니아는 거의 속삭임에 가깝도록 목소리를 낮추어 말했다.

"여기 사람들은 내가 탈레튼 씨의 두 번째 부인인 줄 알고 있어. 언니는 분명히 세 번째 부인이라고 생각할 거야."

로티는 얼굴을 붉히며 되물었다. "정말 말도 안 돼. 그럼 어떻게 해야 하지?"

"글쎄, 잘 모르겠어. 하지만 중국 여인들이 우리 말에 귀를 기울이게 하려면 이 문제를 심각하게 생각해야 해."

로티와 에드모니아는 계속 이런 저런 이야기를 주고받았지만 로티의 생각 속에는 방금 들은 이야기만 계속 맴돌았다. 무엇을 어떻게 해야 한단 말인가? 탈레튼 씨가 중국인들의 문화와 사고를 벗어난 행동을 하고 있다는 에드모니아의 판단이 옳은 것일까? 선교회 건물을 지킨다는 명목으로 총을 빼 든 것은 과연 잘한 일이었을까? 아무리 생각해도 그건 아니었다. 지금 자신은 신참 선교사에 불과했지만 장차 어느 순간에라도 중국인들을 향해 총을 겨누는 일은 절대로 하지 않겠다고 다짐했다. 자신이 온 목적은 예수 그리스도의 생명의 복음을 전하기 위해서가 아닌가! 무력을 사용해서 선교의 목적을 달성한다는 건 말이 되지 않았다.

Chapter 7

시골 마을로 가는 소풍

텡초우에 도착한 다음 날, 마사 크로포드는 로티와 에드모니아를 데리고 샐리 홈스 선교사를 만나러 갔다. 샐리는 로티보다 다섯 살이 많았고 갸름한 얼굴에 유순해 보이는 푸른 눈의 여인이었다. 로티는 처음 보는 순간부터 샐리가 친근하게 느껴졌고, 샐리가 중국에서 경험한 이야기를 듣고는 존경심마저 우러났다.

샐리가 남편과 함께 중국에 온 것은 1850년대 중반이었다. 그때는 서양인들에게 조약 항의 문을 열기도 전이었다. 홈스 부부는 옌타이에 온 최초의 서양 선교사였다. 초기 그들의 삶은 평탄하지 못했다. 어디를 가건 중국인들이 침을 뱉거나 위협을 해댔다. 그러나 끈기 있게 난관을 이겨낸 끝에 그들은 작은 교회를 시작하게 되었다.

그들 사이에 첫 딸이 태어났으나 금방 죽고 말았다. 두 번째 아이를 임신하고 그 지역으로 옮긴 지 2년 정도가 지났을 때였다. 사람들이 샐리의 남편 제임스를 찾아와 마을에 떼강도가 들었으니 가서 그들을 잘 설득해 달라고 부탁했다. 그것이 샐리가 남편을 본 마지막 순간이었다. 제임스 홈스 선교사는 그 길로 강도들의 손에 무참하게 살해되고 말았다.

샐리는 이제 미국으로 돌아가야 할지, 아니면 중국에 남아서 남편도 없이 혼자 아이를 키우며 선교 사역을 계속할지를 결정해야 했다. 결국 샐리는 중국에 남기로 결심했다. 별도의 개인적인 수입이 있었으므로 선교위원회에서도 샐리가 자비로 선교를 계속하는 것을 기꺼이 허락했다. 남편이 살해당한 지 3개월 후에 샐리는 아들을 낳고 랜드럼이라고 이름을 지었다. 그리고 1862년 옌타이에서 가까운 텡초우로 옮겨온 것이다.

로티에게 자신의 이야기를 한 후에 샐리는 화제를 바꾸었다. "에드모니아는 그동안 중국어를 아주 열심히 배웠어요. 1년 안에 초등 남학생들을 가르칠 수 있을 것 같아요. 그 학교에 가 보셨나요?"

"아니요. 아직 못 가봤어요. 텡초우에서 보고 배울 것이 생각보다 많네요. 마사 크로포드 선교사는 진료소 사역 때문에 바빠서, 샐리 선교사님이 제게 중국 여인들에게 전도하는 일을 가르쳐 줄 적임자라고 생각하고 있었어요."

샐리는 눈을 반짝이며 말했다. "물론 그렇게 하죠. 저는 함께 일할 동역자를 보내달라고 오랫동안 기도했답니다."

반시간 가량을 더 이야기한 끝에, 두 사람은 에드모니아의 언어 교사에게 부탁해서 로티에게 중국어를 가르치도록 하고 로티는 에드모니아와 함께 남학교 사역을 거들기로 했다. 그리고 샐리는 로티가 어느 정도 기본적인 언어를 익히고 나면 시골 지역 전도 여행에 데리고 가겠다고 약속했다. 샐리는 해마다 50여 차례 시골 마을들을 돌며 전도를 하고 있었다.

오후에는 에드모니아가 일하는 남학교를 둘러보았다. 에드모니아는 수업 준비를 하고 아이들의 숙제를 점검했다. 로티 역시 오랜 세월 학생들을 가르치는 교사로 일했지만 중국 학생들이 수업받는 모습은 미국과 전혀 달랐다. 배운 내용을 암기할 시간이 되자 아이들은 몸을 돌려 벽 쪽을 바라보며 암기했다. 에드모니아는 중국에서 학생이 선생님의 얼굴을 바라보며 이야기하는 것을 무례하게 여긴다고 설명해 주었다.

다음날 로티는 처음으로 만다린이라는 중국어를 배우게 되었다. 몇 가지 외국어를 유창하게 구사하는 로티는 만다린 어 또한 그리 어렵지 않게 배울 수 있으리라 생각했다. 그러나 생각만큼 만만하지 않았다. 로티가 배운 언어들은 모두 라틴 어에서 파생된 말들이었지만 만다린 어는 성조의 변화가 다양했다. 다시 말해 한 가지 단어가 목소리의 높낮이에 따라 전혀 다른 의미가 되는 것이다.

게다가 텡초우의 인근 마을들마다 쓰는 언어가 달라서 로티가 시골 여인들에게 전도를 하려면 그 언어들을 다 배워야 했다. 그 사실을 알고 나니 에드모니아가 11개월이라는 짧은 시간 동안 만다린 어를 능통하게 구사하는 것이 새삼 대단해 보였다.

주일이 되어 로티는 기대에 찬 마음으로 교회에 갔다. 그동안 에드모니아가 교회에 대한 이야기를 여러 번 편지에 썼기 때문에 그 교회의 교인들이 전혀 낯설게 느껴지지 않았다. 교회는 미국의 교회에 비해 작은 편이었다. 회색의 돌벽으로 지어진 건물이었는데, 정문에는 커다란 나무 문 두 개가 이어 달려 있고 원추형의 뾰족한 탑이 솟아 있었다. 내부도 전혀 달랐다. 예배당 중간에 얇은 판자벽이 있어 두 개의 공간으로 나뉘어져 있었다.

남자들은 두 개의 정문을 지나 예배당에 들어와서 목사가 서 있는 강대상을 바라보는 자리에 앉았다. 여인들 몇 명은 옆문으로 들어와서 벽을 사이에 두고 남자들과 반대편 쪽에 앉았다. 여인들이 앉은 곳에는 설교 말씀이 제대로 들리지 않아 마사 크로포드는 예배 시간 내내 여인들 옆에서 남편이 하는 설교를 반복해서 들려 주었다.

남자들은 마흔 명이나 있지만 여자들은 겨우 십여 명 밖에 안 된다고 로티가 말하자 샐리가 낮은 음성으로 대꾸했다. "그나마 이분들이라도 나오니 다행이에요. 여자들이 교회에 나오는 게 쉬운 일이 아니거든요."

"왜 그렇죠?"

"중국 여자들은 외출하는 법이 거의 없어요. 시장에도 여자들이 별로 없고 거리에 나다니지도 않잖아요. 여자들은 집 안에만 있어요. 그게 이곳의 풍습이지요. 아주 가난한 집 여자들이나 볼일 보러 밖으로 나다닐 뿐이죠."

샐리의 말을 듣고 로티는 생각에 잠겼다. 남북전쟁 이전의 미국 버지니아 주 여인들이 사회 제약이 심한 시대를 살았다고 생각했는데, 이곳 중국의 여인들에 비하면 오히려 자유분방한 편에 속했다. 로티는 옆에 앉은 중국 여인의 발을 보며 몸서리를 쳤다. 발 길이가 10cm도 안 되었고 흰 무명천으로 둘둘 감겨 있었다. 중국에서는 여자 아기가 태어나면 천으로 발을 단단히 감아서 발가락이 뒤쪽으로 굽어 자라도록 만든다고 한다. 그러면 고통이 극심해서 몇 달 동안 제대로 걷지도 못하고 천천히 절뚝거리며 걸어야 한다. 그때부터는 평생 자유롭게 걷거나 뛸 수가 없다. 로티는 여인들의 발을 안타까운 심정으로 바라보며 언젠가는 전족이라는 잔혹한 풍습이 영원히 사라지도록 자신이 앞장서고 싶었다.

텡초우에 온 지 3주가 지났을 때 마사 크로포드는 로티에게 시 외곽의 마을들을 돌아보자고 제안했다. "오늘은 토요일이니까 함께 소풍을 가도록 하죠." 아침식사를 하는 자리에서 마사가 로티 자매를 바라보며 말했다. "샐리 홈스 선교사도 올 거예요. 가마를 타고 시 외곽에 있는 마을들 몇 군데를 가 볼 참이에요. 우리 교회 우 집사님도 함께 가기로 했는데 아마 우 집사님이나 내가 사람들에게 전도를 하게 될 거예요. 점심을 싸 가지고 가서 밤이 되기 전에 돌아오도록 합시다. 날씨가 약간 쌀쌀할 테니 숄을 가져가세요."

한 시간이 지나자 가마꾼들이 선교회 건물로 나란히 들어왔다. 창밖으로 그 모습을 내다보고 있던 로티가 동생에게 말했다. "자, 에드모니아. 이제 가야 할 시간이야." 중국어 공부 공책을 가방에 집어넣으며 로티가 방문을 열고 나갔다.

에드모니아도 언니 뒤를 따라 아래층으로 내려가서 가마에 올라탔다.

"잘 지냈어요, 로티?" 어디선가 반가운 인사 소리가 들렸다.

로티가 뒤를 돌아보니 샐리 홈스가 나귀에 앉아 있었다.

"외출하기에 정말 좋은 날씨죠, 안 그래요?" 샐리의 말에 로티는 고개를 끄덕이며 대나무 막대를 짚고 가마에 올라탔다. "선교사님은 나귀를 타는 게 더 편하신가요?"

"별로 그렇지는 않지만 가마보다는 덜 흔들린다고 봐야죠."

로티는 속으로 언젠가 자신도 나귀 타는 법을 배워야겠다고 생각했다.

선교사들을 태운 가마는 거리를 지나 성문을 통과했다. 나귀를 탄 샐리가 앞장을 서고 그 뒤에는 에드모니아를 태운 가마와 마사가 탄 가마가 뒤따랐다. 로티가 탄 가마는 맨 끝에서 뒤쫓아 갔다. 가마를 네 명의 가마꾼들이 들고, 우 집사는 옆에서 걸어왔다. 성문으로 가는 길은 시장통을 지나야 했는데, 가마꾼들은 행상들이 길에 놓고 파는 물건들을 요리조리 피하고 쌀과 수수를 지고 가는 노새들 사이를 헤집으면서 좁은 통로를 잘도 빠져나갔다.

가마 안에서 로티는 시끌벅적한 시장의 풍경을 바라보았다. 물건을 사고팔면서 흥정을 하느라 한참동안 옥신각신하는 모습은 미국에서는 볼 수 없는 진풍경이었다. 어떤 면에서 사람들은 물건 자체보다 흥정하고 값을 깎는 일에 더 재미를 느끼는 듯했다.

성문을 지나 그들은 옥수수 밭이 펼쳐진 시골길에 들어섰다. 황해 해안에서부터 광활한 논밭들만 끝도 없이 펼쳐져 있을 뿐, 집은 한 채도 보이지 않고 아득한 지평선만 이어졌다. 샐리의 설명에 의하면, 중국인 농부들은 성벽이 둘러싸인 마을에 살며 매일 논밭으로 일하러 나갔다가 해가 지기 전에 돌아온다고 한다. 밤에는 강도를 만날 수도 있기 때문이다.

샐리는 로티가 탄 가마 옆에서 나란히 나귀를 타고 가며 대화를 나눴다. "마사는 이번에 북서쪽에 있는 마을들을 돌아보자고 했어요. 한 번도 가본 적이 없는 마을들이죠. 그 마을에 가면 난생 처음 서양인을 보는 사람이 많을 거예요. 아마도 사람들이 꽤 모여들 걸요." 샐리는 싱긋 웃었다. 로티도 따라 웃었지만 불안한 마음도 없지 않았다. 마차를 타고 버지니아 시골 마을을 다니는 것과는 전혀 차원이 다른 나들이였기 때문이다.

마침내 그들은 한 마을에 이르렀다. 성문에 들어서자마자 한 무리의 남자와 소년이 주위를 둘러쌌다. "서양 귀신이다!" 그들은 서로 수군거렸다.

마사의 지시에 따라 가마꾼들이 가마를 땅에 내려놓고 선교사들이 밖으로 나오도록 거들었다. 로티는 나오자마자 동생에게 달려가서 모여 있는 사람들을 바라보며 물었다. "에드모니아, 저 사람들이 뭐라고 하는 거니?"

"우리보고 서양 귀신이라고 하는 거야. 하지만 너무 걱정하지 마. 우리만 보면 항상 그런 식으로 이야기하니까."

"그리고 또 뭐라고 하는 거야?" 중국어를 알아듣지 못하는 사람은 자기 밖에 없다는 사실에 낙심하면서 로티는 재차 동생에게 물었다.

"우리가 남자인지 여자인지 서로 묻고 있는 거야. 우리가 중국 여인들처럼 바지를 입지 않아서 헷갈린 거지."

"아, 그래?" 로티는 여성스럽다고 자부하는 자신의 옷차림새를 내려다보았다.

에드모니아가 한 구석에 모여 서 있는 사람들을 가리켰다. "언니, 저기 봐. 저기 서 있는 여인들에게 말을 걸어보자."

로티는 에드모니아의 팔을 잡고서 모여 서 있는 남자들을 지나 한쪽 구석으로 걸어갔다. 걸으면서 로티가 다시 에드모니아에게 물었다. "난 이곳의 여인들이 항상 집안에만 갇혀 있는 줄 알았는데."

"텡초우같이 큰 도시에서는 물론 그렇지. 하지만 시골 마을은 달라. 대신 심부름을 보낼 사람도 없는 형편이니 여인들이 좀 더 자유롭게 돌아다닐 수 있지."

로티는 고개를 끄덕였다. 로티와 에드모니아가 여인들에게 다가가자, 구석에 서 있던 여인들이 주춤 주춤 담장 밑으로 물러났다.

"그래도 달아나지는 않는구나." 로티가 옆에 있는 에드모니아에게 속삭였다. 몇 명의 중국 여인이 용기를 내어 질문을 하기 시작했다.

"뭐라고 하는 거지?" 로티가 동생을 바라보며 답답하다는 듯이 물었다.

에드모니아는 대답하기에 앞서 깔깔거리며 웃었다. "이 사람들은 언니에 대해 알고 싶어 해. 언니가 결혼을 했는지, 그리고 언니가 혼자 먼 나라까지 오도록 시어머니가 허락을 했는지 궁금하대."

"아, 그래? 그렇다면 저 사람들에게 나는 결혼을 하지 않은 사람이고, 아주 중요한 이야기를 하러 여기에 왔다고 해줘. 하나님이 저 사람들을 사랑한다는 이야기를 하러 왔다고."

에드모니아가 중국어로 여인들에게 이야기를 하자 여인들은 로티가 입은 공단 치마를 손으로 가리키기도 하고 로티의 곱슬머리를 손으로 살짝 잡아당기기도 했다.

"이 사람들은 정말 우리한테 궁금한 게 많은 가봐, 그렇지?" 로티의 말에 에드모니아가 "이제 두고 봐. 우리가 점심을 먹게 되면 엄청나게 몰려들 테니까"라고 대꾸했다.

저쪽에서 마사가 두 사람을 향해 소리쳤다. "자, 이리로 모여 봐요!" 두 사람이 다가서자 마사는 커다란 누루마리 종이를 가져와서 풀었다. 두루마리 종이에는 중국어로 "행복한 나라"라는 어린이 찬송가 가사가 적혀 있었다.

"이것 좀 잡아 주세요." 마사의 부탁에 로티는 두루마리 종이를 잡고 서 있고, 마사와 샐리는 중국어로 노래를 반복해서 불렀다. 한두 명씩 아이들이 노래를 따라 부르기 시작했다. 아이들은 꽤나 암기력이 좋았다.

마사가 노래를 끝까지 따라 부르는 아이 한 명을 지목해 붉은 양피지에 손으로 쓴 찬송가 가사 한 장을 상으로 주었다. 그러자 모여 있던 아이들 사이에 금세 열띤 경쟁이 붙었고, 여기저기서 노래 가사를 외운다고 소리 높여 외쳐댔다.

로티 일행은 그 마을에 한 시간 정도를 머물면서 찬송가 가사를 적은 양피지를 나눠 주고 여인들과 이야기를 나눈 후에 다음 마을로 떠났다. 그런 식으로 하루 종일 마을들을 돌아다녔다. 어떤 마을에서는 한 남자가 당장 나가라고 호통을 치는 바람에 바로 떠나야만 했다.

에드모니아의 말처럼 사람들을 모으는 가장 빠른 길은 앉아서 점심을 먹는 일이었다. 자리에 앉아 음식을 펼쳐놓자 남녀노소를 불문하고 많은 사람들이 슬금슬금 다가오더니 바구니에서 이것저것 꺼내거나 구경을 했다. 사람들은 선교사들이 포크를 들고 무언가를 찍어 먹는 모습을 넋을 잃고 쳐다보았다. 로티는 마치 자신이 동물원 원숭이가 된 기분이었지만 마을 사람들이 겁을 내거나 도망가지 않아서 다행이라고 생각했다.

어린 시절 뷰몬트에서 자랄 때 어머니에게서 배운 식사 예절이 떠올랐다. 식탁에서는 점잖게 이야기를 나눠야지 다른 사람을 빤히 쳐다보는 것은 실례라고 어머니는 가르쳤다. 그런 어머니가 이곳에 와서 호기심 가득한 얼굴에 둘러싸인 두 자매를 본다면 뭐라고 하실까? 호사스럽게 자란 미국 남부의 아가씨들이 몸을 사리지 않는 선교사가 되기엔 아직도 갈 길이 멀었지만, 어머니는 분명 두 딸이 하고 있는 일을 매우 자랑스러워 하실 것이다.

점심을 먹은 후에, 샐리가 모인 사람들에게 찬송가를 가르쳐 주었고 마사는 20여 분간 하나님의 말씀을 전했다. 사람들이 점점 소란스러워지자 선교사들은 다시 가마에 올라 다음 마을로 출발했다.

그날 저녁 텡초우로 돌아온 로티는 피곤했지만 커다란 기쁨과 보람을 느꼈다. 그날 세 명의 선교사는 복음을 한 번도 들어보지 못한 수백 명의 사람에게 복음을 전한 것이다. 다음에 또 다른 마을로 갈 생각을 하자, 기대감으로 벌써부터 가슴이 두근거렸다.

에드모니아

"로티 언니, 나 지금 나가야 해. 짐 싸는 것 좀 도와줘!" 에드모니아가 방으로 뛰어들어 오면서 로티에게 말했다.

"왜 그래? 무슨 일이니?"

"좋은 일이야. 읽어 봐." 에드모니아는 종이 한 장을 내밀었다. 중국어로 쓰여 있었기에 해독하기가 쉽지 않았지만 '란'이라는 이름은 알아볼 수 있었다. 란 부인은 탈레튼과 마사 부부가 설립한 침례교회의 교인이었다.

옷들을 가방에 챙겨 넣으며 에드모니아가 신이 나서 말했다. "란 부인은 새해를 맞아서 고향에 돌아왔다가 이웃 사람들에게 자신의 신앙에 대해 이야기를 하기 시작했대. 그랬더니 사람들이 부인의 집에 몰려들어서 좀 더 자세히 얘기해 달라고 조른다지 뭐야. 란 부인은 알고 있는 찬송가를 모조리 가르쳐 주고 성경도 읽어 주었대. 그리고 이제 우리 도움이 필요하다는 거야. 난 샐리 선교사님과 그 마을에 갈 거야. 정말 놀랍지 않아?" 에드모니아는 눈을 반짝거리며 로티를 껴안았다.

"그래, 정말 놀랍구나. 나도 정말 가서 돕고 싶지만, 크로포드 선교사님과 함께 교회 일을 해야 하기 때문에 갈 수가 없을 듯해. 아쉽다."

"그곳에서 일어나는 일들을 일기에 잘 적었다가 언니에게 전부 이야기해 줄게." 에드모니아는 가방을 들고 아래층으로 내려갔다.

이틀 후 또 한 장의 편지가 크로포드 선교사의 집에 날아들었다. 샐리 홈스가 보낸 편지였다. 너무 많은 사람이 몰려와서 란 부인과 자신들로서는 도저히 사람들의 질문에 대답을 못해 줄 지경이니 마사와 다른 선교사들이 그곳에 와서 도와 줄 수 있는지를 묻는 내용이었다.

마사는 믿을 수 없다는 듯 고개를 갸웃거렸다. 정말로 세 명의 여인들이 대답을 못해 줄 만큼 많은 사람이 모인 것일까? “이런 일은 처음이에요! 정말 놀랍군요. 남편과 함께 이곳에서 오랫동안 일했지만 별로 성과가 없었는데….” 마사는 눈물까지 글썽이며 로티를 바라보았다. “아무튼 우리가 도울 길을 찾아야겠네요.”

“네, 알겠어요.” 처음부터 동생을 따라가고 싶었던 로티는 기다렸다는 듯 응수했다.

마사는 장로교회에서 사역하는 선교사 부인에게도 함께 가자고 말했다. 그리하여 세 여인은 가마를 타고 란 부인의 고향 마을로 갔다.

마을에 도착한 그들은 입을 다물 수가 없었다. 엄청난 인파가 란 부인의 집에 모여 있었다. 조용히 찬송가를 부르는 사람도 있고 삼삼오오 모여서 예수님이 어떤 분이시며 왜 세상에 오셨는지에 대해 이야기하는 사람도 있었다.

짐을 집안에 내려놓은 후에 세 명의 여인은 바로 에드모니아, 샐리, 란 부인과 합세하여 모여 있는 사람들에게 가서 그들이 궁금해 하는 문제들에 대답해 주고 성경책을 펴서 예수님의 복음을 설명해 주었다.

밤이 늦어서야 사람들은 집으로 돌아갔다. 그러나 동이 트자마자 다시 모여들더니 새로운 질문을 퍼붓기 시작했다. 로티도 자신이 아는 중국어를 총동원해 도왔지만 말을 알아들을 수 없을 때는 안타깝기만 했다.

이틀이 지나 새롭게 신앙을 받아들인 사람들이 생기자, 교회 모임이 절실히 필요했다. 다른 선교사들은 맡고 있는 일 때문에 더 이상 지체할 수가 없어서 결국 에드모니아와 로티가 그 마을 역사상 첫 예배를 주도하기로 했다. 마사는 떠나기 전 로티에게 텡초우교회의 명 집사를 보내 주일 예배 때 설교를 하도록 부탁하겠다고 약속했다.

첫 예배를 드리는 날이 되자 마을 사람들은 지대한 관심을 나타냈다. 결국 란 부인과 명 집사는 교회 모임이 기반을 잡을 때까지 그 마을에 머물기로 했다. 새로운 학기가 곧 시작되어 수업 준비를 해야 했기 때문에 로티와 에드모니아는 텡초우로 돌아가야 했다. 대신 다른 선교사들과 함께 교대로 그 마을을 방문해서 예배에 참석하기로 약속했다.

로티와 에드모니아가 가마를 타고 텡초우로 돌아가는 날은 몹시도 추운 월요일이었다. 뷰몬트의 한겨울 날씨도 그보다 춥지는 않았다. 매서운 바람이 치마를 휘날리고 지나갔다. 로티는 치마를 단단히 부여잡고 에드모니아를 바라보며 미소를 지었다. 에드모니아 또한 미소로 답하며 손을 흔들었다. 혹한이 아니라 그 어떤 것도 그 주간 로티와 에드모니아가 누렸던 기쁨과 보람을 빼앗을 수는 없었다. 로티가 소망했던 대로 두 자매는 선교 사역의 힘겨운 짐들을 나눠지며 힘차게 나아가고 있었다. 그러나 그 때가 에드모니아의 선교 사역에 있어 절정기였음을 로티는 알지 못했다. 가마를 타고 돌아가다가 에드모니아는 장티푸스와 급성 폐렴에 걸리고 말았다.

텡초우에 도착했을 때, 사람들은 아파서 꼼짝도 못하는 에드모니아를 가마에서 내려 침대로 옮겨놓았다. 에드모니아의 상태는 쉽게 회복되지 않았고 로티는 차츰 불안해졌다. 주변에 사는 선교사들이 전해 주는 소식들도 암울하기 이를 데 없었다. 장로교 소속의 한 선교사 부인은 네 명의 어린 자녀를 남기고 세상을 떠났다고 한다. 자녀 가운데는 농아도 있었다. 어떤 선교사는 극도의 신경쇠약에 걸려 멍하니 허공만 응시하는 상태에 이르렀는데, 결국 선교 단체에서 한 사람을 대동하여 고국으로 돌아가도록 조처했다.

불안한 마음을 가라앉히며 로티는 최선을 다해 동생을 간호했다. 어느 정도 차도를 보이기는 했지만, 정신적으로 이상한 증세가 나타나기 시작했다. 에드모니아는 하찮은 일에도 불같이 화를 내면서 스스로 주체하지 못했다. 닭 장수가 창문 앞을 지나가서 시끄럽다, 음식이 식었다, 고국에 보낸 편지가 몇 달이 지나도 답장이 없다는 둥, 에드모니아의 불평과 분노는 끝이 없었다.

로티도 어떻게 동생을 돌봐야 할지 감을 잡을 수가 없었다. 기운을 차린 에드모니아가 다시 사역을 하게 되었을 때 로티는 최대한 동생의 일을 덜어 주려고 애썼다. 에드모니아가 아이들을 직접 가르치지 않고 중국인 교사를 고용하여 수업을 감독하게만 했다. 그러나 그것도 에드모니아의 신경을 곤두세웠다. 그 중국인 교사는 성경을 가르치는 것이 임무였음에도 아편을 피우기도 하고 교묘히 에드모니아의 눈을 피해 성경 말씀을 왜곡해서 가르쳤다.

로티를 절망하게 만드는 또 한 가지 문제는 마을의 여자아이들이 제대로 교육을 받지 못하는 점이었다. 여자아이들은 남자아이들처럼 교육을 받지 못했다. 어린 나이에 집안에서 정한 사람과 결혼을 하고 바로 시댁에 가서 살면서 시어머니의 시집살이를 감당해야 했다. 대부분의 여자아이들은 글을 알지 못할 뿐 아니라 마을을 벗어난 다른 세계에 대해서도 무지했다.

어쩌다 한가한 시간이 생기면 로티는 해변에서 수영을 하거나 나귀 타는 법을 배웠다. 샐리의 말대로 가마보다는 나귀 등이 몸의 균형을 잡기가 훨씬 편했다. 고국에 있는 가족과 친구들에게도 종종 편지를 띄웠다. 또한 남 침례교 선교위원회의 총무인 헨리 투퍼와도 정기적으로 연락을 했다. 헨리 투퍼는 독신 여성인 로티와 에드모니아가 중국 선교사로 파송되도록 힘을 써준 사람이다. 선교위원회 모임이 열릴 때마다 헨리 투퍼는 두 자매의 파송 문제를 토론 주제로 올려주었다. 한편 침례교회의 많은 여성 교인이 두 자매의 선교 사역에 대단한 관심을 나타냈다. 미국 남부의 편안한 삶을 포기하고 머나먼 낯선 나라로 떠난 두 자매의 용기와 헌신에 감탄하여, 많은 지역 교회 안에 여선교회가 조직되고 자체적인 선교 계획을 세우기에 이르렀다.

헨리 투퍼는 여선교회에 한 가지 건의를 했다. 로티가 헨리에게 편지를 보내, 텡초우에 동생과 함께 둘만 살 수 있는 집을 얻도록 헌금을 보내달라고 요청했기 때문이다. 크로포드 선교사와 함께 사는 것이 점점 버거웠다. 탈레튼 크로포드는 나이도 많고 완고한 성격이어서 갈수록 에드모니아와 이런 저런 문제로 부딪쳤다. 게다가 에드모니아는 집에서 배운 예의범절도 잊은 듯 크로포드 씨에게 소리를 지르며 대들기 일쑤였다. 아무래도 따로 사는 게 서로에게 좋을 것 같았다.

몇 주 후 헨리 투퍼에게서 답장을 받은 로티는 뛸 듯이 기뻤다. 로티가 집을 얻으려고 2천 달러를 요청했는데 헨리는 3천 달러의 헌금을 모금하겠다고 답장한 것이다. 문 자매의 집 문제를 거론한 순간 여선교회에서 흔쾌히 후한 헌금을 하기로 약속했다고 한다.

1874년 남 침례교 선교총회가 열리는 시점에서 문 자매를 위해 걷힌 헌금은 총 2천 5백 달러에 이르렀고 그 사실을 안 로티는 몹시 감사했다. 두 자매는 자신들이 받는 선교 기금에 5백 달러를 추가하여 총 3천 달러를 미국 은행에 예치했다.

그 돈은 당분간 은행에 예치해두기로 했다. 텡초우의 북로 침례교회를 맡고 있는 제임스 하트웰 목사의 부인이 병이 들어 의사의 권고에 따라 고국으로 돌아가게 되어서, 로티와 에드모니아가 당분간 비어 있는 하트웰 목사의 집으로 옮기기로 했기 때문이다. 에드모니아와 크로포드 씨의 언쟁을 해결하고 화해하게 할 필요가 없어지니, 로티는 전보다 훨씬 많은 선교 사역을 감당할 수 있었다.

1876년은 어느 해보다 순조롭게 일들이 진행되었다. 에드모니아가 하던 학교 감독 일을 로티가 맡게 되었고, 학생 수도 14명으로 늘었다. 에드모니아는 계속되는 감기와 천식으로 침대에 누워 지내는 시간이 많았지만 그래도 동생이 곁에 있다는 사실에 감사했다. 건강 상태가 어느 정도 좋아지자, 에드모니아가 집안일을 맡게 되었다.

텡초우에서 일하는 선교사들은 바쁜 사역 일정 중에 잠시 틈을 내어 휴가를 떠났다. 먼저 탈레튼과 마사 크로포드 부부가 8월에 일본으로 휴가를 떠나자 텡초우 시에 남아 있는 침례교 선교사는 로티와 에드모니아, 그리고 샐리 뿐이었다. 그들은 학교 일과 마사가 하던 진료소 사역을 효율적으로 해나갔다. 미국의 선교회 총무 헨리 투퍼는 세 명의 독신 여성이 남선교사에게 의존하지 않고도 독자적으로 사역을 진행한다는 소식을 듣고 기뻐했다.

크로포드 부부가 일본에서 돌아오자 이번에는 에드모니아가 휴가를 떠날 차례였다. 그동안 텡초우의 다습한 기후 때문에 고생을 많이 했기에, 사람들은 겨울 동안 일본에 가 있으라고 권고했다. 에드모니아는 상하이에서 엘리자 예이츠라는 여선교사를 만나 함께 일본의 나가사키로 떠났다.

그러나 문제가 생겼다. 에드모니아의 신경이 극도로 날카로워져서 모든 일에 불평을 늘어놓을 뿐 아니라, 이유 없이 겁을 집어먹거나 식별력마저 흐려진 것이다. 엘리자는 에드모니아의 상태가 심상치 않음을 눈치채고 로티를 부르러 사람을 보냈다. 그와 동시에 선교위원회에 편지를 써서 에드모니아 문 선교사를 귀국하게 할 것을 요청했다.

로티는 일본으로 와 달라는 엘리자의 편지를 받고 깜짝 놀랐다. 일본에 가서 휴식을 취하며 상태가 호전되기를 바랐는데, 아무래도 동생의 건강이 더 악화되고 있는 것 같았다. 즉시 샐리와 마사는 로티가 하던 사역을 어떤 식으로 분담할지 결정하고서 로티를 동생에게 보냈다. 로티는 상하이로 가서 배를 타고 황해를 지나 일본으로 향했다.

일본으로 가는 동안 로티는 에드모니아가 육체적으로 뿐만 아니라, 정신적으로도 심각한 병에 걸렸음을 인정하지 않을 수 없었다. 텡초우에서는 로티와 단 둘이 살았고 에드모니아의 사역도 로티가 대부분 맡아 했으나, 일본에 있는 동안 에드모니아 혼자 떨어져 있어 심리적으로 더욱 불안정해진 것이다. 아무래도 근본적인 대책이 있어야 할 것 같았다.

순조롭게 일본에 도착한 로티는 에드모니아를 보자 너무나 병약한 모습에 충격을 받았다. 엘리자가 로티를 부른 일은 정말 현명한 처사였다. 지금의 상태로는 에드모니아를 데리고 고국으로 돌아가는 길밖에는 달리 방도가 없었다.

로티는 긴 항해 동안 동생이 살아남기를 바라며 태평양을 가로지르는 배에 올랐다. 그들이 미국으로 가는 동안 미국에서는 로티의 또 다른 여동생 몰리가 중병을 앓고 있었다. 가족들을 다시 만날 기대에 부풀었던 로티는 미국에 도착하자마자 몰리가 6주 전에 사망했다는 소식을 접하고 슬픔에 빠졌다. 몰리는 남편과 갓 낳은 메이미라는 딸을 뒤로한 채 세상을 떠났다.

다행히 다른 가족은 무사했고, 1876년의 성탄절은 뷰몬트의 고향집에서 오리안나 언니 가족과 함께 보내게 되었다. 남북전쟁 이전처럼 부유한 형편도 아니었고 어머니도 계시지 않았지만, 뷰몬트 농장의 나날은 어린 시절의 추억을 새록새록 떠오르게 했다.

오리안나가 에드모니아의 간호에 나섰다. 위스키와 대구 간의 기름을 먹게 하고, 누워서 편히 쉬도록 했다. 난방이 잘된 집에서 휴식을 취하자 에드모니아의 상태는 빠르게 호전되었다.

가족들은 로티가 에드모니아를 데리고 고국에 온 것을 다행으로 여겼다. 에드모니아는 일종의 신경쇠약 증세였고, 다시 중국으로 돌아가서 선교 사역을 하기에는 불가능하다는 판단을 내렸다. 그러나 침례교단에서는 로티 자매뿐 아니라 거의 동일한 시기에 귀국한 다른 세 명의 선교사를 향해 비난의 화살을 쏘아댔다. 그들이 왜 고국으로 돌아왔는지 전혀 이해하려 들지 않았다. 어차피 그들은 중국에서 죽기로 작정을 하고 떠난 선교사들이 아닌가? 어째서 그렇게 쉽게 포기하고 돌아왔단 말인가?

'쉽게 포기했다고?' 로티는 그 말에 더는 참을 수가 없었다. 사람들의 냉담한 태도와 반응에 마냥 속이 상했다. 중국에서의 삶이 얼마나 고되고 위험한지 알기나 한단 말인가? 로티는 가는 곳마다 교인들에게 중국의 어려운 상황을 이해하게 하려고 노력했다. 그러나 말로 하는 것보다는 사람들이나 교회에 편지를 써서 선교사들의 삶을 글로 전달하는 것이 더 효과적일 것 같았다. 로티는 중국에서 숨진 모든 선교사와 그 자녀에 대해 언급했다. 치명적인 질병이 순간순간 선교사들을 위협할 뿐 아니라, 전혀 다른 환경 속에서 긴장을 늦추지 못한 채 살아간다는 것이 얼마나 고달픈 일인가! 로티는 선교위원들에게도 선교사들을 좀 더 이해해 달라고 부탁했다. 중국인들에게 기독교를 소개하는 것만큼이나 침례교 교인들에게 선교지의 실상을 설명하는 일이 절실했다. 로티는 가는 곳마다 선교사에 대한 지원을 요청했다. 그러지 않고서는 땅끝까지 이르러 복음을 전하기가 불가능했다.

로티의 높은 학식과 선교사로서의 경험 때문에 사람들은 로티의 말에 귀 기울였다. 선교위원들도 선교사가 8년이나 10년에 한 번씩 귀국하도록 규정을 조정해야 할지를 논의했고, 더 나은 주거 환경을 위해 후원금을 조정해야 한다는 의견도 나왔다.

미국 교인들의 편견을 깨뜨린 사실에 만족하면서도, 로티는 하루 빨리 중국으로 돌아가고 싶었다. 미국에 온 이후 선교 헌금을 삭감당했기 때문에 중국으로 돌아가는 일이 쉽지는 않았지만, 아직 3천 달러의 헌금이 은행에 예치되어 있었다. 로티는 후원자들에게 그 돈을 중국으로 돌아가는 여비에 사용해도 될지 양해를 구했고, 후원자들은 즉시 동의했다. 어차피 그 돈은 로티 자매가 중국에서 집을 구하도록 헌금한 것이었는데, 로티가 중국에 없다면 무슨 의미가 있겠는가?

1877년 11월 8일, 중국을 떠난 지 정확히 1년 만에 로티 문은 샌프란시스코에서 도쿄마루 호에 올랐다. 배에는 일본과 중국으로 향하는 13명의 선교사들이 있었는데 로티는 이제 초보 선교사의 티를 벗은 어엿한 중년 여선교사가 되어 있었다.

상하이에 도착해서 며칠 간은 친구들을 방문했다. 그중 한 명이 바로 카터스빌 여학교에서 함께 교사로 일했던 안나 새포드였다. 안나는 상하이 외곽에 있는 쑤저우라는 마을에 살며 선교 사역을 하고 있었다. 오랜만에 만난 두 사람은 예전의 추억에 잠기기도 하고, 사역에 대한 이야기를 나누며 좋은 시간을 보냈다. 그러나 어느덧 로티가 다시 텡초우로 돌아가야 할 시간이 다가오고 있었다.

Chapter 9

천국의 사람들

"문 선생님, 다시 돌아오신 것을 환영합니다!" 하트웰 목사의 집 대문 밖에서 기다리고 있던 남학생들이 몇 명이 로티를 반갑게 맞이했다. 고국에서 가족과 함께 1년을 지낸 후, 로티는 다시 텡초우로 돌아왔다. 이제는 중국 그리스도인들과 자신이 가르치는 학교의 아이들 역시 자신의 가족이며 누구보다 돌봄이 필요한 이들이라는 생각이 들었다.

로티가 중국을 떠난 사이, 그 지역에는 흉년이 들어 많은 사람이 굶어 죽었다. 거리나 시장마다 구걸하는 거지들이 넘쳐나고, 추위를 피하려는 사람들이 교회로 몰려들었다. 흉년은 텡초우의 그리스도인들에게 가난한 사람들을 위해 특별 헌금을 하고 배고픈 사람들에게 음식을 나눠 주는 등 구제 사역의 기회가 되기도 했다.

또 다른 변화도 있었다. 샐리 홈스의 아들 랜드럼이 대학에 입학하기 위해 미국으로 떠나게 되었는데 아들과 함께 미국에 가서 정착하는 것을 도와줄지, 아니면 아들 혼자 보내고 자신은 계속 선교 사역을 해야 할지 선택의 기로에 서 있었다. 결국 샐리는 외아들을 머나먼 땅으로 떠나보내는 아픔을 삭이며, 텡초우에 그대로 남기로 했다. 샐리는 외아들과 헤어졌지만, 크로포드 부부는 졸지에 열네 살과 일곱 살짜리 아이들의 부모가 되었다. 일본에서 사역하다가 세상을 떠난 선교사 부부의 두 아이를 그들이 양자로 입양한 것이다.

중국으로 오는 중에 이번에는 여자아이를 위한 학교를 반드시 세워야겠다는 결심이 섰다. 그리하여 중국에 도착하자마자 꿈을 현실화하기 위한 본격적인 작업에 들어갔다. 학교로 사용할 만한 건물을 찾아내기는 그리 어렵지 않았다. 하트웰 목사의 집에 나란히 붙어 있는 몇 개의 방은 교실로 쓰기에 충분했다. 문제는 공부할 학생을 찾는 것이었다.

중국의 여자아이 스스로 결정을 내릴 권한이 없다는 사실은 교육의 가능성조차 희박하게 만들었다. 예를 들어 여자아이가 네다섯 살이 되면 부모가 아이의 발에 무명천을 단단히 감아 전족을 시키는데, 이는 예로부터 발이 작은 여자를 아름답다고 여겼기 때문이다. 전족을 하지 않은 여인은 결혼을 할 수도 없었다. 그러나 여자아이들이 학교에 다니려면 전족은 큰 문제였다. 발을 묶은 천을 자주 바꿔 주어야 했는데 그러는 중에 감염이 되기도 하고, 때로는 목숨을 잃기도 했다.

중국 여자들은 결혼에 있어서도 아무런 결정권이 없었다. 여자아이가 태어나는 순간에 정혼을 해버리는 경우도 있었다. 물론 곧바로 결혼을 하게 하지는 않았지만 시어머니가 며느리를 맞고 싶으면 아무 때에나 마음대로 결혼 날짜를 결정할 수 있었다. 만약 여자아이가 학교에 다닌다면, 결혼 날짜가 정해졌을 경우 즉시 혼인식을 올리고 가기 어려울 것이다. 게다가 여자아이들은 어차피 결혼을 할 텐데 굳이 교육을 받을 필요가 어디 있겠는가? 밥하고 청소하고 아이들을 키우면 그만이지 읽고 쓰는 법을 배워서 어디다 쓴단 말인가?

이러한 이유들 때문에 여자아이가 학교에 나오기란 보통 어려운 일이 아니었다. 그러나 쉽게 포기할 로티가 아니었다. '반드시 학교를 시작해야 해'라는 생각으로 학교에 다닐만한 여자아이들이 있는지 찾아보기 시작했다.

두 달을 돌아다닌 끝에 다섯 명의 여자아이들을 설득하여

1878년 2월 다시 텡초우로 돌아왔다. 로티가 생각했던 상류층 중국인의 딸들이 아니라, 매춘을 하다가 도망했거나 도박과 아편으로 가산을 탕진해 버린 부모 때문에 집을 뛰쳐나온 아이들이었다. 그래도 로티는 그 아이들을 어떻게든 교육시켜 보리라고 다짐했다.

그해가 지나기 전에 학생 수는 13명으로 늘어났다. 그러나 제대로 학비를 내는 학생이 없었기 때문에, 로티는 아이들이 먹고 자는 비용과 의약품을 자비로 충당해야 했다. 그래도 로티는 기뻤다. 때로는 제멋대로 굴고 거친 아이들이었지만, 마음에 심겨진 복음의 씨앗이 자라 언젠가는 그리스도인으로 성장하리라 굳게 믿었다.

로티는 미국식과 중국식을 혼합해 아이들을 가르쳤다. 미국에서 했던 것처럼 여자아이들에게 노래와 성경 공부를 가르쳤다. 그러나 다른 공부는 전통 방식을 따랐다. 보통 중국의 교수법은 책 본문 전체를 암기하는 것이었다. 로티의 학교에서 공부하는 여학생들도 마태복음을 공부하면서 로티에게 등을 돌린 채 한 구절 한 구절을 차례로 큰소리로 암기하기 시작하여 28장 전체를 암기해 버렸다.

학생들을 가르치는 일로 바쁜 와중에도 로티는 틈이 나면 샐리 홈스와 함께 시골 마을들을 돌아다니며 전도했다. 미국에서 돌아온 지 1년이 되는 1878년의 어느 겨울날, 샐리에게서 마을전도를 함께 가자는 전갈이 왔다. 밖에는 한겨울 추위가 맹위를 떨치고 있었다. 그런 날씨에 마을을 돌아다니기는 힘들 것 같았다.

"홈스 부인에게 바람이 그칠 때까지 기다리자고 전해 주세요"라고 답변을 했지만 1시간 후에 다시 대문을 두드리는 소리가 났다. 아까 왔던 사람이 이번에도 샐리의 전갈을 들고 온 것이다. 쪽지에는 "갑시다"라는 말만 적혀 있었다. 로티는 한숨을 내쉬었다. 날씨가 좋은 날에도 힘든데 이렇게 살을 에는 추위와 비바람 속에서 여관 주인이 서양 귀신이라며 하룻밤 재워 주지도 않고 내몰 것을 생각하니 막막하기만 했다. 그러나 샐리가 이런 날씨에도 가겠다면, 로티도 따라나서지 않을 수 없었다.

로티는 옷을 한 겹 더 껴입고 길에서 먹을 국수와 닭고기를 싸서 가방에 넣었다. 얼마 후 두 여인은 가마를 타고 길을 나섰다. 살을 에는 듯한 차가운 바람에 치맛자락이 휘날렸다. 그들은 첫 번째 마을에 도착하여 거리에서 사람들이 모이기를 기다렸다. 전에 마가복음이 적힌 전도지를 준 적이 있는 한 소년이 손에 전도지를 흔들면서 반가운 표정으로 두 사람을 향해 달려왔다.

로티도 얼굴에 미소를 머금고 소년에게 전도지를 읽었는지 물어보았다. 조금 후에 다른 소년들도 다가왔다. 그리고 두 명의 어린 딸을 데리고 한 나이 든 여인이 걸어왔다. 여인은 로티의 소매를 쓰다듬었고 여자아이들은 로티의 치맛자락을 슬쩍 들어 올리며 낄낄거렸다.

빨리 보내고 싶었지만 그들의 호기심이 채워질 때까지 기다리기로 했다. 얼마 후 그 여인은 전형적인 질문을 던지기 시작했다. "몇 살이에요? 아이가 있어요? 아니면 못 낳았어요? 이렇게 혼자 다니면 시어머니가 뭐라고 하지 않나요?"

로티는 가능한 친절하게 대답을 하려고 했지만, 그래도 처음 보는 사람이 자신에게 짓궂게 굴고 사적인 문제를 꼬치꼬치 캐묻는 것에 마음이 불편했다. 그런 질문은 미국 사회에서는 생각도 할 수 없는 불손한 것이었다.

겨울 해가 일찍 지고 샐리와 로티가 다른 곳으로 가려는데, 가마꾼이 그 마을에 자신의 친척이 있으니 하룻밤 재워 줄 것이라고 했다. 서양 귀신을 집에 들여놓고 재워 줄 사람이 있다는 말인가? 로티는 반갑기 그지없었다. 중국인에게 그것은 대단한 용기였다. 서양인에 대한 터무니없는 헛소문이 도는 마당에 서양 귀신을 자신의 처마 밑에 재우면서 잠이 제대로 올 중국인은 없을 터였다. 로티도 그런 헛소문을 들어

익히 알고 있었고 사람들의 얼토당토않은 억측에 놀랄 뿐이었다. 선교사가 식초에 절인 양파를 먹자 중국인은 아이의 눈알을 먹는다고 생각했고, 도자기 인형을 보고는 아기를 미라로 만들었다고 했으며, 붉은 포도주스를 마시는 것을 보고 아이들을 죽여 그 피를 마신다는 소문을 퍼뜨렸다.

샐리와 로티가 가마꾼의 친척집에 도착해 보니 그 마을의 거의 모든 사람이 모여 있었다. 그리고 곧이어 질문이 쏟아지기 시작했다. 샐리는 남자아이들을 데리고 마당으로 나갔고 로티는 집안에서 여자아이와 여인들을 맡았다.

중국 사회의 남존여비 사상 때문에 남자는 절대 여자에게 배우는 법이 없었다. 대문 옆에 몇 명의 남자가 모여서 있는 모습이 로티의 주의를 끌었다. 그 남자들은 샐리가 마당에서 남자아이들에게 하는 말을 은근슬쩍 엿듣고 있었다.

로티는 처마가 낮은 집안으로 들어가서 안을 들여다보았다. 로티와 샐리가 하룻밤 잠을 잘 건넌방은 길이가 3m 정도 되는 네모진 방이었는데 '캉'이라고 부르는 온돌이 깔려 있었다. 캉은 무릎 정도의 높이로 만든 평평한 바닥이었는데 사람들은 그 밑에 불을 때고 잠을 잤다. 보통은 벽돌로 캉을 짓기 마련인데 그 집에는 진흙을 이겨서 만든 캉 위에 낡아서 너덜거리는 작은 돗자리가 한 장 깔려 있었다. 샐리와 로티는 그 위에서 하룻밤을 자야 했다. 방바닥에는 흙이 지저분하게 쌓여 있고 한쪽 벽에는 창호지가 발린 창문만 있을 뿐, 문은 없었다. 벽이 없이 다른 방들과 서로 통하게 되어 있는 형태였다. 여러 세대를 거치면서 눌러 붙은 찌든 때가 온 집안에 덕지덕지했다.

"천국 책을 갖고 왔어요?" 한 소녀가 로티 옆으로 바싹 다가앉으며 물었다.

"그래, 갖고 왔단다. 읽어 줄게." 좁은 캉 위에 15명의 사람들이 비집고 앉아서 자신의 이야기에 귀를 기울이는 모습이 마냥 신기했다.

시간이 흘러도 기독교 신앙에 대한 여인들의 질문은 끝날 줄을 몰랐다. 나중에는 목이 쉬어 더는 말이 나오지 않을 지경이었다. 그제야 사람들은 집으로 돌아가면서 다음 날 동이 트는 대로 다시 오겠다고 했다.

여인들이 돌아간 뒤에 로티는 완전히 지친 몸으로 구두끈을 풀고 옷을 입은 그대로 캉 위에 누워 이내 잠이 들었다. 다음날 이른 아침, 닭들이 우는 소리에 잠을 깨 안방 쪽을 바라보니 15명의 눈동자가 자신을 바라보고 있었다. 웃어보려고 했지만 지쳐서 도저히 웃음이 나오지 않았다. 자리에서 일어나는 대로 또다시 사람들이 모여들어 이것저것을 물어

볼 것이 틀림없었다.

과연 안방에 들어서자 수많은 사람이 모여들기 시작했다. 한 여자아이가 로티의 머리를 손으로 가리켰다. "머리가 헝클어졌네." 또 한 여자아이는 로티의 신발을 가리키며 말했다. "저것 좀 봐. 노끈을 구멍에다가 집어넣었어." 그 말에 사람들은 일제히 로티의 구두를 내려다보았다.

로티 옆에서 잠을 자던 섈리도 눈을 떴다. 두 여인이 나란히 앉아 수수죽으로 아침 식사를 하는 동안 남자아이 네 명이 두 사람을 뚫어져라 쳐다보았다. 밖에서는 많은 사람이 창호지를 뜯어내고 두 사람이 먹는 모습을 보려고 고개를 갸웃거렸다.

섈리가 로티에게 영어로 말했다. "여기 모인 사람들이 몇 명인지 알아요? 30명이 우리를 보고 있어요!"

"30명이라고요?" 로티는 중국어로 되받았다.

두 사람이 무슨 말을 하는지 어림짐작을 한 안주인이 겸연쩍은 얼굴로 말했다. "미안합니다. 이렇게 많이 와서 두 분을 쳐다보는 것을 용서하세요. 우리는 한 번도 천국의 사람들을 본 적이 없거든요."

양해를 구하는 부인에게 로티는 미소를 띠며 고개를 끄덕였다. "알았습니다. 아침을 먹고 나서 천국 책에 대해 더 이야기해 드릴게요."

전날처럼 바쁘고 번잡한 하루가 지나갔다. 수백 명의 사람이 몰려와 로티의 손과 옷을 만지며 동일한 질문을 되풀이했다. 그날 하루 동안 로티의 머릿속에는 그 집 부인이 한 말이 계속해서 맴돌았다. "우리는 한 번도 천국의 사람들을 본 적이 없거든요."

로티는 한 번도 복음을 듣지 못한 사람들에게 전도할 수 있는 기회에 대해 곰곰이 되새겨 보았다. 자신이 중국에 온 것도 바로 그런 목적 때문이다. 그러나 생각처럼 쉽지는 않았다. 사실 중국인들이 끊임없이 자신을 지켜보고, 만지며, 같은 질문을 되풀이하는 건 질색이었다. 개인적인 일을 꼬치꼬치 캐묻는 것은 무례한 일이라고 배우며 자란 로티로서는 견디기 힘든 노릇이었지만, 중국인들에게는 전혀 무례한 일이 아니라는 사실이 문제였다. 텡초우로 돌아가는 길에 이제부터는 사람들이 쳐다보는 것에 상관하지 말자고 스스로 다짐했다. 사람들이 보든 말든 자신의 일에 충실한 샐리를 본받기로 했다.

집으로 돌아온 로티는 일기장을 펼치고 '손가락질 당하는 수치감과 입을 다물고 싶은 유혹을 떨쳐버리고 아이들을 잘 가르치자'라고 적었다.

집에는 침례교단에서 발행하는 〈비블리컬 리코더〉(*biblical recorder*)라는 기독 잡지가 배달되어 있었다. 평소에 그 잡지를 즐겨 읽었지만 이번에는 한 가지 기사가 로티의 마음에 몹시 거슬렸다. 그 기사에는 "현대를 살아가는 선교사들에게 고난과 역경은 이미 지난 시대의 얘기가 되었다"라고 쓰여 있었다.

그 글을 쓴 기자와 함께 지난 며칠 간 시골에서 함께 전도를 했다면 어땠을까? 고국에 있는 교인들이 자신을 비롯해 다른 선교사들이 당하는 고충을 전혀 이해하지 못한다는 사실이 몹시 서운했다.

아들을 미국의 대학에 보낸 샐리는 1년이 지나도 아들에게서 소식이 없자 걱정이 되어 안절부절 못하고 있었다. 로티의 여동생 에드모니아 역시 중국에서의 고된 삶을 이기지 못하고 병이 나지 않았는가! 누군가 선교사들을 대신해서 목소리를 높여야만 했고 바로 자신이 그 일을 해야 한다는 생각이 들었다.

다음날 로티는 펜과 종이를 들고 그 잡지의 편집자에게 기사 내용을 꼬집는 긴 편지를 썼다. 그리고 오랜 동역자인 헨리 투퍼에게도 다음과 같은 편지를 썼다.

로티는 자신이 쓴 편지가 미국 교인들의 인식을 바꾸어,

그들이 외국에서 사역하는 선교사의 역경을 지난 옛일로 간주하지 않기를 소망했다.

항상 육신의 어려움에 봉착하는 저 자신을 부끄럽게 여기고 있지만, 이번만큼은 실상을 제대로 파악하지 못하는 미국인들에게 한마디 해야 할 듯해 펜을 들었습니다. 편안한 고국 땅에서 선교사들에게 더 이상의 역경은 없다고 단언하는 사람들이 하루에 6번에서 11번씩 시골 마을을 돌아다니며 외국어로 전도하는 일이 과연 역경이 아니라고 주장할 수 있을지 의문입니다. 체력이 쇠진하는 것은 제외하더라도 말이죠.

만약 흙이 수북한 방바닥과 오랫동안 연기와 때로 까맣게 얼룩진 벽에 둘러싸여 마구간을 코앞에 두고 벽돌 침대 위에서 자기를 좋아하는 사람이 있다 하더라도, 저는(물론 개인 취향의 문제이기도 하겠지만) 극구 사양하는 바입니다. 저로서는 전혀 반갑지 않은 환경입니다. 또 아무런 예방책도 없는 천연두를 비롯해 온갖 전염병이 난무하는 상황에 대단히 매력을 느끼는 사람이 있다 하더라도, 저는 사양하겠습니다.

만약 그런 사람이 있다면 이곳에 와서 직접 경험하길 강력히 추천합니다. 우리에게는 이제 일상에 불과한 일들이지만 그런 사람들이 며칠만 이곳에서 생활해 본다면 과연 그때도 동일한 기사를 쓸 수 있을지 의문입니다.

선교 기지

"오늘 밤은 공주 같은 기분이 드는 것도 무리가 아니겠지? 서까래에는 아름다운 거미집이 쳐져 있고 캉 위에는 깨끗한 돗자리가 깔려 있고…" 마음에 기쁨이 가득해 힘들이지 않고도 이야기가 술술 나왔다. 로티는 일기 쓰기를 멈추고 혼자 웃음을 지었다. 드디어 주변 상황에 아랑곳하지 않을 정도로 단련이 된 것이다. 사람들에게 하나님의 말씀을 전하는 기쁨 때문에 더러움이나 전염병, 벌레들에 대한 염려도 날아가 버린 듯했다. 로티는 이 중국의 가난한 사람들 틈에서 만족과 보람을 느끼고 있었다.

로티의 선교 사역이 확고한 기반을 다져가고 있는반면, 탈레튼 크로포드 선교사는 현실에서 멀어져 갔다. 마사는 로티에게 남편이 정신착란 증세까지 보인다고 털어놓았다. 에드모니아가 그랬던 것처럼 탈레튼 씨도 일종의 신경쇠약에 걸렸음이 분명했다. 어느 날 밤, 탈레튼은 짐을 꾸려서 돈도 없이 혼자 몰래 텡초우를 떠났다. 마사가 남편의 행방을 수소문한 끝에 혼자 미국으로 돌아갔다음을 알게 되었다.

로티는 탈레튼 크레포드 선교사가 텡초우에서 매우 힘들게 지냈음을 인정하며, 그가 신경쇠약에 걸린 데는 선교위원회 역시 어느 정도 책임이 있다고 생각했다. 그는 중국에서 25년을 사역했지만 한 번도 고국에 돌아가서 쉬지 못했다. 단 한 번 일본에 잠시 휴가를 다녀온 것이 전부였다. 탈레튼 씨가 도망치다시피 미국에 들어간 것도 무리가 아니었다.

로티는 선교사들이 정신적, 육체적으로 좀 더 건강할 수 있도록 남 침례교단에서 적절히 도움을 주어야 한다고 생각했다. 현재의 선교 정책에는 일상적으로 선교사들이 부딪히는 현실적인 문제가 별로 반영되어 있지 않았다. 이전에 에드모니아를 데리고 귀국했을 때 로티는 선교사 안식년 문제를 선교위원회에 건의한 적이 있다. 이제 다시 한 번 그 문제를 선교위원들에게 제기해야 할 때라는 판단이 섰다. 물론 즉각적인 변화를 기대하지는 않았으나 평생이 걸린다 하더라도 포기할 수 없는 중대사였다.

로티는 펜과 종이를 들고 우선 선교위원회에 일침을 가했다. 한번 파송을 받으면 선교지에 뼈를 묻도록 요구하는 정책을 변경하고, 선교사들이 몸이 아프면 죄인처럼 귀국하게 할 것이 아니라 정기적인 안식년을 주라는 내용이었다.

"그것은 마치 군인을 전방에 내보내며 '치열하게 싸워라. 휴가는 전혀 없다는 사실을 명심하도록! 전방에서 쓰러질 때까지 싸워야 한다'라고 말하는 것과 같습니다.

답장을 기다리는 사이 로티는 어느 때보다 바빴다. 탈레튼 크로포드 선교사의 부재로 로티와 마사, 그리고 샐리 홈스는 탈레튼 씨가 하던 사역까지 떠맡게 된 것이다. 엎친 데 덮친 격으로 샐리마저 외아들 랜드럼에게서 계속 아무런 소식이 없자 아들이 죽었는지, 아니면 학교 공부에 너무 바빠서 어머니에게 연락하는 것도 잊었는지 노심초사하다가 급기야 병이 나고 말았다. 자리에서 일어나지 못할 정도로 쇠약해져 결국 로티는 아쉬움을 뒤로 한 채 샐리가 귀국하도록 도와주었다. 샐리 홈스는 1881년 8월에 텡초우를 떠났다. 그날은 로티에게 무척이나 서글픈 하루였다. 샐리는 중국의 문화와 대인관계에 대해 많은 것을 가르쳐 준 절친한 동역자였기 때문이다.

샐리가 떠나자 중국 북부에서 일하는 침례교 선교사는 마사와 로티뿐이었다. 남겨진 사역의 무게가 로티를 짓누르는 것 같았다. 처음에는 마사와 함께 사역을 분담해서 처리해 나갔지만 두 사람이 하기에는 너무 벅찼다. 로티는 또 한 장의 편지를 선교위원회에 보내, 그 지역의 3백 만 중국인들을 위해 일하는 선교사는 자신들 단 두 사람뿐이라며 선교사 파송의 필요성을 역설했다.

그해가 지나기 전에 최소한 한 명은 보충되었다. 탈레튼 크레포드 선교사가 방황의 나날을 보내고 약간 건강이 호전되어 텡초우로 돌아온 것이다. 그러나 그는 사람들을 비난하거나 무례한 행동을 일삼았고, 특히 아내에게 가혹하게 굴었다. 오래지 않아 이번에는 마사 크로포드마저 신경쇠약에 걸려 미국으로 돌아갔다. 이제 모든 사역은 다시 탈레튼과 로티에게 맡겨졌다.

로티가 계속해서 선교사 파송을 요청하는 편지를 보낸 결실로 마침내 1882년 1월, 두 명의 독신 남선교사가 중국으로 왔다. 웨스턴 할콤과 시세로 프르트였다. 로티는 뛸 듯이 기뺐다. 로티가 중국에 온 지 9년 만에 처음으로 신입 선교사를 맞은 것이다. 더구나 두 선교사는 타고난 전도자였기에 로티와 함께 시골 마을들을 다니며 전도하는 일에 두각을 나타냈고 중국어도 빨리 배웠다. 그리하여 두 사람이 남자를 상대로 전도하는 동안 로티는 아이와 여인들에게 말씀을 전했다.

얼마 후 아이다 티파니라는 여선교사도 합세했다. 아이다는 원래 장로교단에서 파송된 선교사로 금세 로티와 친해졌는데, 미국에서 웨스턴과 시세로와 함께 배를 타고 중국으로 오는 동안 시세로와 사랑에 빠져 침례교인이 되기로 결정한 것이다. 그리하여 두 사람은 중국에 도착하여 결혼식을 올렸다. 젊은 청년들이 선교 사역에 힘을 쏟는다는 사실은 정말 다행스러운 일이었다. 이제 로티는 전에 샐리 홈스가 살던 집에서 살게 되었다. 3백년 된 낡은 집 3채가 하나의 담장으로 연결되어 있었다. 집은 창호지를 바른 창문과 흙바닥이 있는 방들로 된 간단한 구조였는데, 로티는 각 방을 편안하게 꾸며서 새로운 선교사가 왔을 때 그 지역의 문화에 적응할 때까지 머물도록 했다. 그리하여 그 집에는 '작은 교차로'라는 별칭이 붙었다.

1883년에는 더 많은 변화가 일어났다. 로티가 시작한 여학교가 순조롭게 운영되던 중, 봄에 전염병이 돌기 시작해 아이들을 집으로 돌려보내야 했다. 아이들이 가고 나자 로티는 중국에서 자신이 해야 할 일을 심각하게 고민하기 시작했다. 여학교 사역이 어느 정도 열매를 맺고 있기는 했지만, 배우지 못한 여인들에게 복음을 전해야 할 필요성이 무엇보다 절실했다. 날마다 마을에 들어가고 싶은 생각이 가득 했다. 게다가 두 명의 남선교사가 있으니 남자들을 전도하는 일도 가능했다. 산둥 지방을 가로지르는 곳곳에 선교 기지가 세워진다면 얼마나 좋을까 하는 생각도 들었다. 그리하여 로티는 서른여 명의 여학생을 위해 여학교를 다시 여는 대신 마을들을 다니며 전도하는 일에 전력하기로 결정했다.

그러던 참에 고향에서 몇 가지 슬픈 소식이 전해졌다. 오리안나 언니가 암에 걸려 세상을 떠났다는 것이다. 언니에게는 남편과 여섯 명의 아들이 있었다. 오리안나가 낳은 아이는 모두 12명이었지만 6명은 어릴 때 세상을 떠났다. 로티는 언니가 돌보던 에드모니아가 걱정되었다. 에드모니아가 보내는 편지에는 부쩍 우울한 이야기들이 가득했다.

1884년에는 또 다른 선교사가 '작은 교차로'에서 살게 되었다. 매티 로버츠라는 여선교사가 로티를 도우려고 파송된 것이다. 로티는 매티와 함께 살게 되어 무척이나 기뻤다. 샐리 홈스가 떠난 지 3년 만이었다. 그러나 그것도 오래가지 못했다. 웨스턴 할콤 선교사와 매티 로버츠가 사랑에 빠져 두 사람은 곧 결혼을 했고 로티는 또 다른 여선교사가 오기를 기다렸다.

한편 텡초우에 있는 남 침례교단 소속의 선교사들은 새로운 계획을 실행에 옮기기로 했다. 산둥 지역을 가로지르는 선교 기지를 세운다는 로티의 꿈을 마침내 이루게 된 것이다. 프르트 선교사 부부와 할콤 선교사 부부는 황시엔이라는 지역에 선교 기지를 개척했다. 황시엔은 텡초우에서 200km 정도 떨어진 마을이었다. 다음 단계는 로티가 훨씬 남쪽에 위치한 핑투라는 마을로 가는 것이었다. 그러나 로티가 핑투로 떠나기 전에 시세로의 부인인 아이다 프르트가 병이 나서 로티는 급하게 황시엔으로 가 아이다를 간호했다. 그러나 아이다는 불타는 사명감을 안고 중국 땅에 발을 디딘 지 불과 2년 만에 남편을 남겨두고 세상을 떠나고 말았다. 아이다의 죽음은 마흔네 살이 된 로티로 하여금 남은 생애 동안 중국 복음화를 위해 최선을 다하겠다는 각오를 다지게 했다.

1885년 12월, 로티는 드디어 핑투로 내려갔다. 핑투는 중국에서 외국인들을 보호하려고 생긴 조약 항과는 거리가 먼 지역이었다. 나귀가 끄는 가마를 타고서 로티는 머나먼 여정에 올랐다. 혼자서 선교 기지를 개척하는 것은 침례교 여선교사로는 처음 있는 일이었다. 어쨌거나 로티는 최선을 다할 뿐이었다. 지금 자신은 매우 위험한 지역에 들어가는 중이었고 핑투에는 외국인이 한 명도 없었다. 언젠가 장로교 선교사 한 명이 잠시 들어간 적이 있었지만, 다른 외국인들과 완전히 고립되어 살아가는 상황에 적응하지 못해 다시 항구 도시로 나왔다. 핑투에 사는 중국인들은 한 번도 외국 여성을 본 적이 없었기에, 로티에게 난처한 질문을 하고 손가락질과 만지고 찌르기를 반복하겠지만, 로티는 어떤 어려움이 있어도 감수하겠다는 결의를 새롭게 했다.

로티가 탄 가마 뒤에는 노새들이 로티의 짐들을 싣고 뒤따라왔다. 여름이 오기 전까지는 서양 물건을 구할 수 없다는 사실 때문에 어떤 물건들을 가져가야 할지를 놓고 오랫동안 고심했다. 여름에는 텡초우에 잠시 들를 계획이었다. 그래서 자신이 쓰던 침대와 매트리스를 가져다가 캉 위에서 편안히 잠을 자기로 했고, 머리를 식힐 그리스 어와 라틴 어 책들, 밀가루, 설탕, 커피, 그리고 중국어 전도지와 찬송가를 많이 가져가기로 했다. 전도지와 찬송가는 나무로 된 여행 가방에 넣고 두 마리의 노새 등에 실었다. 여행 가방은 핑투에 도착해서 식탁으로 사용할 로티의 유일한 가구이기도 했다.

차오씨 부부가 로티와 동행했다. 그들은 텡초우에 사는 교인들이었는데, 로티가 새로운 선교 기지를 시작하는 일을 돕겠다고 자청했다. 로티는 하루에 50km씩 움직여, 나흘에 걸쳐 목적지에 도달하기로 했다. 밤에 묵은 여인숙들은 로티가 이제까지 묵어본 중에 최악이었다. 쥐들이 돌아다니고 쥐벼룩과 이들이 스멀스멀 기어들어왔다. 아침이 되자 온 몸에는 긁어 생긴 상처로 가득했다.

로티 일행은 멍들고 쑤시는 몸으로 마침내 목적지에 도달했다. 도착 즉시 차오씨는 로티가 살 만한 집을 구하러 나섰다. 한 시간 후에 그는 밝은 얼굴로 돌아왔다. "제 조카 차오 태신을 만났어요. 이 마을 서쪽에 조카 집이 있는데 일 년에 25달러만 내면 집을 빌려 주겠다고 합니다."

"그 집에 가보셨어요?" 로티의 질문에 차오씨가 즐겁게 대꾸했다.

"예, 방금 보고 오는 길이에요. 네 개의 방들이 나란히 붙어 있는데 분명 마음에 드실 겁니다."

첫 출발이 예상외로 순조롭다고 생각하며 로티가 차오씨에게 제안했다. "그럼 저도 함께 가서 보고 오면 어떨까요?"

차오씨의 말대로 그 집은 이엉을 얹은 소박한 토담집이었다. 창호지를 바른 창문과 맨바닥에 연기에 그을린 벽들이 전형적인 시골집의 모습을 하고 있었지만, 로티는 한눈에 그 집이 마음에 들었다. 서까래에는 비가 샌 흔적이 없어 말끔하게 수리가 된 듯했고 위치 또한 마을 중심가였다. 로티는 두말없이 그 집을 빌리기로 하고 빈 공간을 어떻게 아늑한 집으로 만들지를 구상했다. 왼쪽 끝 방에는 캉이 있었다. '낮에는 이 방에서 사람들을 맞고, 밤에는 잠을 자야겠군.' 로티는 일꾼에게 침대와 매트리스를 그 방으로 옮기도록 했다. '옆방은 물론 주방으로 써야겠지.' 부뚜막에서 나오는 열기가 캉으로 들어가도록 연결된 구멍을 바라보며 로티는 혼자 중얼거렸다. 이 집은 난로 없이 세를 주었으므로 로티는 자신이 가져온 난로를 부엌에 놓았다. 마지막 두 개의 방은 창고와 출입구로 사용하기로 했다.

며칠 안에 로티는 모든 물건을 구상한 대로 정리하고 배치했다. 깨끗한 짚을 바닥에 깔고 연기로 검게 그을린 벽에는 하늘색 벽지를 발랐다. 나무로 된 여행 가방은 캉 옆에 놓고 식탁으로 썼다.

모든 정리를 마치고, 로티는 사람들이 오기를 기다렸다. 거리로 나가서 사람들에게 전도를 하거나 이웃 사람들을 방문하는 대신에 로티에게는 다른 계획이 있었다. 흔히 선교사들이 길거리에서 군중의 이목을 집중하게 하기는 해도 중국인들과 절친한 친구가 되지는 못했다. 로티는 밖으로 나가는 대신 핑투에 사는 호기심어린 마을 사람들이 자신에게 올 때까지 집에서 기다리기로 했다. 목적을 달성하려고 생각해 낸 비밀 무기도 있었는데 바로 '과자'였다. 남부에 사는 중국인들은 밀을 밀가루로 가공하지 않았기 때문에 이사할 때 5kg짜리 밀가루 여섯 포대를 가져왔다. 이웃의 어린아이에게 그 밀가루로 과자를 만들어 줄 계획이었다. 자신이 자란 고향 마을에서는 어떤 아이도 갓 구워낸 과자의 유혹을 뿌리치지 못했다. 핑투에 사는 아이들도 마찬가지일 것이다. 난로를 설치하고, 설탕을 넣은 달콤한 과자를 굽기 시작했다. 로티는 구운 과자를 쟁반에 담아 밖으로 나갔다. 대문 밖을 나서자마자 사람들이 손을 뻗쳐 로티의 옷을 만졌고 어떤 할머니는 로티의 팔을 손으로 찔렀다.

"한번 맛보시겠어요?" 로티는 주변에 있는 사람들에게 공손하게 물었지만 마치 독이 든 음식이라도 주는 것처럼 사람들은 뒤로 움찔 물러섰다. 몇 차례 말로 안심하게 한 후에야 작은 꼬마 소년이 로티에게 다가와 과자 하나를 집어 들었다. 아이가 맛있게 과자를 먹어 치우자 곧바로 다른 소년들이 달려들어 과자들을 집어갔다. 말끔히 비운 쟁반을 들고 안으로 들어오며 로티는 빙그레 웃었다. 계획대로 일이 진행되고 있었다. 큰일이 생기지 않는 한 조금 뒤면 사람들이 집안으로 몰려들 것이다. 과연 오래지 않아 용감한 손님 한 명이 로티를 찾아왔다. 그 집 주인의 부인이었는데 로티를 위해 옷을 빨아 주겠다고 했다. 로티는 그렇게 하라고 대답을 하고서 함께 앉아 커피를 마시며 이야기를 나누었다. 로티가 누리는 유일한 미국식 호사는 커피였다. 다음으로 로티를 찾아온 사람은 우물에서 물을 길어 주겠다는 물지게 장수였다. 그래서 매일 새벽마다 양동이 2개로 물을 길어서 뒷문에 놓아주기로 했다. 며칠 사이에 로티의 집에는 찾아오는 사람들의 발길이 끊이지 않았다. 자신의 계획이 성공하자, 로티는 매우 기뻤다. 고국으로 보내는 편지에 로티는 '개종자를 만들기 전에 친구를 만들어야 합니다'라고 써서 보냈다.

외출을 할 때는 차오씨 부인과 함께 나갔고 차오씨 부인은 친척과 이웃 사람들에게 로티를 소개했다. 그런 자연스러운 접촉을 통해 로티는 많은 사람의 집에 초대를 받게 되었다. 그래도 여전히 거리에는 로티에게 짓궂은 짓을 하고 서양 귀신이라고 놀리는 사람들이 있었다. 그러나 이제는 그런 식의 행동을 그냥 참고 넘기지 않기로 했다. 만약 어린아이가 자신을 서양 귀신이라고 부르면 로티는 그 아이의 어머니를 만나서 아이에게 바른 말을 가르쳐 주라고 당부했다. 그리고 어떤 여인이 로티에게 그런 말을 할 때는 되돌아가서 "절

귀신이라고 부르지 마세요. 저도 똑같은 여자이고 우리 모두 부모님을 통해 태어난 사람들이에요. 제가 만약 귀신이라면 당신은 어떤 사람이죠?"라고 따졌다. 그러자 조롱하던 사람들의 태도도 서서히 바뀌기 시작했다.

뜻하지 않게 핑투의 사람들이 로티를 더 친근하게 여기는 계기가 있기도 했다. 전부터 로티는 서양 선교사들이 중국옷을 입고 다니는 모습을 보면 우스꽝스럽다고 여겼다. 그래서 〈릴리저스 헤럴드〉(*Religious Herald*)에 그런 내용의 기사를 기고하기도 했다. 하지만 겨울이 닥쳐오자 혹독한 추위를 당해낼 재간이 없었다. 옷을 두 겹으로 껴입고 두꺼운 숄을 걸쳤지만 눈보라가 휘몰아칠 때면 뼈 속까지 추위가 스며드는 느낌이었다. 어쩔 수 없이 로티는 바느질하는 여인에게 중국식 웃옷을 만들어 달라고 주문했다. 그 웃옷은 속에 솜을 넣고 누빈 데다 발에 닿을 정도로 길어서 무척이나 따뜻했다. 다음에는 넓은 소매에 검은 색의 허리띠를 매는 군청색의 긴 옷을 주문했는데 로티는 어디를 가든 그 옷을 코트처럼 입고 다녔다. 중국옷은 놀라울 만큼 따뜻했다. 한 번 입으면 몇 주 동안 벗지 못할 정도였다.

중국옷을 입고 외출한 로티는 뜻밖의 사실을 발견했다. 길고 검은 머리를 뒤로 묶고 중국옷을 입고 나가자 사람들이 로티가 외국인이라는 사실을 잘 눈치 채지 못하는 것이었다. 설사 알아보는 사람이 있어도 전보다 더 친근하게 대해 주었다. 그리하여 자신이 그동안 중국옷을 입는 것에 반대한 것이 큰 실수였음을 깨달았다. 우스꽝스럽기는커녕 중국옷을 입자 사람들이 거부감 없이 대하는 것이었다.

중국옷이 주는 혜택은 또 있었다. 속에 두꺼운 옷을 껴입기 때문에 걸을 때마다 마치 몸에 베개를 감고 다니는 느낌이었다. 그래서 주변 마을에 가마를 타거나 나귀를 타고 다닐 때, 부딪히는 충격이 훨씬 줄어들어 몸이 덜 아팠다.

Chapter 11
예수의 도

로티는 에드모니아가 깔끔한 글씨체로 써내려 간 편지를 연거푸 읽었다.

스코츠빌 외곽에 있는 작은 집이야. 방은 네 개고 빅토리아풍의 새 가구들을 들여놓았어. 난 이 집을 본헤르(bonheur, 프랑스 어로 '행복'을 뜻함)라고 부르기로 했어.

에드모니아가 두 사람을 위해 산 작은 집이 어떻게 생겼을지 상상했다. 뷰몬트의 남은 토지를 팔아 그 돈으로 집을 살

수 있었던 모양이다. 고향에서 살았던 시절이 아득한 옛날처럼 느껴졌다. 로티는 잠시 동안 가족과 함께 보냈던 오붓한 순간들을 떠올리며 회상에 잠겼다. 가족끼리 숲속으로 소풍 갔던 일, 하인들이 시중을 들어 주던 것, 이웃을 초대하여 파티를 열고 정치와 그리스 문학과 프랑스 예술을 논하던 일…. 그러나 이제 그런 것들은 마치 딴 세상 일 같았다. 어린 시절 남부 상류층의 고상했던 삶은 지금 로티가 사는 중국의 현실과는 너무 달랐다.

로티는 텡초우의 집에서 동생의 편지를 읽는 중이었다. 로티는 여름을 텡초우에서 보낼 예정이었다. 핑투의 여름은 40도를 오르내릴 만큼 너무 더워서 쉽게 체력이 떨어질 수 있기 때문에 온화한 기후의 텡초우를 찾아 온 것이다. 뿐만 아니라 핑투에서 유일한 외국인으로 살아가는 나날은 외롭기 그지없었다. 모국어를 잊어버리지 않기 위해서라도 말벗이 절실했다.

휴가 기간이라고는 하지만 할 일이 없는 것은 아니었다. 핑투에서 지낼 때만큼이나 바빴다. 언제나 선교사보다 할 일이 더 많기 마련이었다. 게다가 중국에 온 지 얼마 안 되는 에노스 드볼트 선교사가 심장마비로 세상을 떠났다. 사인은 심장마비였지만 드볼트 선교사는 이미 정신적으로 상당한 스트

레스에 시달리고 있었고, 그것이 마침내 육체적 질병으로 악화된 것이었다. 드볼트 부부와 조이너 부부는 침례교 선교사로 파송되어 산둥 지역에 새로운 선교 기지를 개척하는 일을 돕고 있었는데, 그들은 모두 황시엔에 살고 있었다. 드볼트 선교사가 병이 들자 그의 아내는 해산으로 몸이 약해진 데다 그 지역의 혹독한 기후를 견디지 못해 아기를 데리고 좀 더 기후가 온화한 중국 남부에 가서 머물렀다. 그러나 결국 그 곳의 기후나 생활환경에도 적응하지 못해 미국으로 돌아가고 말았다.

그와 비슷한 시기에 조이너 선교사 부부도 미국으로 돌아갔다. 남 침례교 선교위원회에서는 제임스 조이너 선교사가 중국의 열악한 상황 때문에 건강이 나빠졌다는 점을 고려하여 그를 시베리아 지역으로 파송했다. 그 소식을 들은 로티는 선교위원들의 처사가 도저히 이해되지 않았다. 시베리아 지역이 과연 건강을 회복할 수 있는 곳이란 말인가! 제임스 조이너 선교사는 이전보다 더 건강이 악화되어 선교위원회에서는 그를 죽기 전에 귀국 조치할 수밖에 없었다.

로티는 자신이 중국에서 선교사로 14년 동안 일하며 침례교단에서 파송된 선교사들을 떠올려 보았다. 14년 동안 모두 8명의 신입 선교사가 파송되었다. 그중에서 에노스 드볼트,

아이다 프르트, 마티 할콤이 세상을 떠났다. 조이너 부부와 에노스 드볼트의 아내는 미국으로 영구 귀국했고, 웨스턴 할콤은 선교 사역을 사임하고 옌타이에서 미국 영사로 일하고 있었다. 그리고 8명의 선교사 가운데 단 한 사람, 시세로 프르트만이 선교 기지에 남아 사역을 계속하고 있었다.

로티는 두 손에 얼굴을 묻은 채 깊은 한숨을 내쉬었다. 선교위원회에 과연 어떤 식으로 편지를 써야 할까? 비록 8명의 선교사 가운데 단 한 명만 남는다 하더라도 선교위원회에서는 신입 선교사들을 파송하고 재정을 후원하는 일을 중단하면 안 된다. 재정 후원이 불투명하다는 사실은 선교사들이 선교지에서 부딪치는 어려움 외에도 또 다른 마음의 부담이 되고 있었다.

한편 미국의 남 침례교단에서는 로티를 비롯한 침례교 선교사들의 삶에 지대한 영향을 미칠 만한 긍정적인 변화의 물결이 일고 있었다. 지난 몇 년 동안 남 침례교 여성도가 선교사들의 후원을 돕고 있었으나 남 침례교 총회에서 공식적으로 인가받은 조직적인 활동은 아니었다. 1887년 5월, 각 교회의 여성도가 공식 인가를 받기 위한 본격적 활동을 시작하여 몇 명의 영향력 있는 목회자의 도움으로 '여선교회'를 탄생시켰다.

로티는 감리교 여선교회 활동에 깊은 감명을 받았다. 성탄절을 일주일 앞두고 여선교회에서는 모든 감리교 신자에게 선교사들을 위해 기도하면서 특별헌금을 하도록 권면했다. 감리교단에서 더 유효적절하게 선교사들을 돌보고 뒷받침하는 모습을 보면서 로티는 왜 남 침례교단에서는 동일한 일을 하지 못할까 하고 생각하다 1887년 말, 〈미션 저널〉(*Mission Journal*)이라는 기독 잡지에 성탄절 선교특별헌금을 제안하는 기사를 투고했다. 그 기사는 "우리 가운데 얼마나 많은 성도가 받는 것보다 주는 것이 더 복되다는 말씀을 믿고 있는지 의문입니다"라는 말로 시작되었다. 새로 공식 인가를 받고 조직된 남 침례 여선교회에서는 로티가 제안한 성탄절 선교특별헌금을 자체 활동의 대의명분으로 삼아 본격적으로 그 일에 뛰어들기로 했다.

그러한 사실을 알게 된 로티는 무척이나 기뻤다. 헌금의 결과는 나중에 보고가 될 것이고 이제는 로티가 다시 핑투로 돌아가야 할 1887년 가을이었다. 그러나 몸도 많이 약해졌고 선교위원회에서는 로티에게 1년의 안식년 휴가를 주기로 결정했기 때문에 갈등이 되었다. 하루에 14시간씩 사람들과 이야기를 하느라 목이 성할 날이 없었다. 동생 에드모니아도 보고 싶었지만 아직 고국으로 돌아갈 수 없었다. 너무 많은 일이 쌓여 있고 그 일을 맡길 만한 사람도 없었기 때문이다.

로티는 선교위원회에 이렇게 편지를 보냈다.

제 건강이 허락한다면 1888년 6월에 안식년을 보내려고 합니다. 끊임없이 저를 사로잡는 두려움은 괄진 상태로 고국에 돌아가서 제 자신뿐 아니라 그 누구에게도 쓸모없는 존재가 될지 모른다는 걱정입니다.

그 편지를 쓰면서 로티는 정신 착란 증세를 보이며 고국으로 돌아간 제임스 조이너 선교사를 떠올렸다. 그런 상태로 귀국하는 것은 죽기보다 싫었기에 1년간 더 버틸 체력이 되어 주기를 간절히 희망했다. 그러나 로티 앞에는 상상하지도 못할 풍성한 전도의 열매가 기다리고 있었다.

핑투로 돌아온 지 일주일이 지나서 세 명의 남자가 로티를 찾아왔다. 그들은 중국인들이 늘 그러듯 대문을 두드리지도 않고 곧장 로티의 집안으로 들어섰다. 로티는 그들에게 과자와 커피를 대접하고 무슨 일로 왔는지를 물었다.

수염을 길게 기른 남자가 로티의 질문에 대답했다. "우리가 온 것은 단호방이라는 사람 때문입니다. 우리는 샤이링이라는 지역에 사는 사람들인데 당신을 우리 마을로 모시고 가서 예수의 도(道)에 대해 배우고자 합니다."

로티가 고개를 갸웃하며 남자에게 되물었다. "그래요? 그럼 당신들은 예수의 도에 대해 얼마나 알고 있지요?"

"아는 것이 별로 없습니다. 단호방은 우리가 예수의 도를 알아야 한다고 했습니다. 황시엔에 갔다가 어떤 사람한테서 예수가 우리의 죄를 용서한다는 말을 들었다고 하더군요. 그 말이 사실입니까?"

"예. 맞습니다."

"그럼 가마를 밖에 대기시켜 놓았으니 우리와 함께 갑시다."

로티는 고개를 끄덕였다. 단호방이라는 사람이 외국 여성이라도 상관하지 않고 배우겠다는 열의를 보인다면 당연히 가고 싶었다.

샤이링은 핑투에서 15km 떨어진 마을이었다. 로티는 샤이링으로 가는 내내 로티는 그곳에 사는 사람들이 예수님을 받아들이기를 간절히 기도했다. 50여 가구가 모여 사는 작은 마을로 가마가 들어서자 사람들이 로티를 보려고 달려왔다.

한 남자가 로티를 가리키며 소리쳤다. "천국 책을 들고 온 여인이다!" 그러자 곁에 있던 남자도 반갑게 손을 흔들며 말했다. "맞아. 이 여인이 어떻게 하면 죄를 없앨 수 있는지 말해 줄 거야."

이윽고 가마가 작은 토담집 앞에 멈추어 서고 한 남자가 집에서 나와 로티에게 절을 했다. “저는 단호방이라는 사람입니다. 이렇게 누추한 집까지 몸소 와 주셔서 몸 둘 바를 모르겠습니다. 안으로 들어가셔서 차를 드시고, 예수님의 도에 대해 저희가 궁금했던 점을 말씀해 주시면 참으로 감사하겠습니다.”

“고맙습니다.” 대답을 하면서도 로티는 과연 어떤 상황이 벌어질지 궁금했다. 중국의 풍습도 그렇거니와 로티가 자란 침례교 관습에서도 여자가 남자들과 얼굴을 맞대고 직접 이야기하는 것은 있을 수 없는 일이었다. 하지만 부탁을 받은 처지에 어떻게 거절할 수가 있겠는가?

로티는 주인이 권하는 차를 한 모금 들이마시며 방안을 둘러보다가 좋은 생각이 떠올랐다. “혹시 이 방의 가운데를 가릴 만한 가리개가 있나요? 그렇게 하면 남자들 뿐 아니라 여자들도 제가 말하는 예수님의 도를 들을 수 있을 테니까요. 예수님의 도는 누구나 알아야 하는 진리입니다.”

단호방이 놀란 표정으로 로티를 바라보았다. “여자들도 예수님의 도를 배울 수 있다는 말이십니까?”

“예. 그렇습니다. 하지만 한 방에서 같이 가르칠 수는 없습니다. 도리에 어긋나는 일이니까요.”

로티의 찻잔에 차를 따르던 단호방의 아내 페이링이 나섰다. "제가 옥수수 대로 칸막이를 칠게요."

"고맙습니다. 오늘 밤에 예수님의 도에 대해 설명해 드릴 테니 누구든 듣고 싶은 사람이 있으면 오라고 전해 주십시오."

로티는 저녁에 있을 모임을 부지런히 준비했다. 날이 어두워지자 페이링이 콩기름이 든 그릇들을 잔뜩 들고 와서 속에 심지를 넣고 불을 밝혔다. 단호방은 가리개로 방 가운데를 막고 로티는 찬송가 가사가 적힌 두루마리 종이를 정면에 걸어놓았다. 모든 준비가 끝나고 이제 남은 일은 사람들이 오기를 기다리는 것이었다.

얼마 후 사람들이 하나 둘 모여들기 시작하더니 나중에는 자리가 비좁을 지경이 되었다. 남자들은 캉이 있는 쪽에 앉았고 여인과 아이들은 칸막이가 쳐진 반대편 바닥에 앉았다. 여인들은 일부러 로티 가까이에 아이들을 앉히면서 "이 아이들이 우리보다 금방 배울 테니까 당신이 가고 난 후에도 우리를 가르칠 수 있을 거예요"라고 말했다.

로티는 여인들이 앉은 쪽에 서서 찬송가를 부르기 시작했다. "예수 사랑하심은"이라는 찬송을 부르며 한 구절마다 그 의미가 무엇인지를 사람들에게 설명했다. 그리고 모든 사람들에게 찬송을 따라 부르도록 했다. 물론 음은 엉망이었지만 상관하지 않았다. 로티의 가슴은 기쁨으로 벅차오를 뿐이었다. 이렇게 많은 사람들이 난생 처음으로 하나님의 사랑에 대해 깨우치는 순간이 아닌가!

다음으로 로티는 사람들에게 짧은 기도를 가르치고 마태복음을 읽기 시작했다. 밤이 깊어가고 있었지만 자리를 뜨는 사람은 아무도 없었다. 밤새도록 사람들은 이런 저런 질문을 했고 로티는 최선을 다해 대답했다. 사람들이 가고 나자 로티는 목이 쉬어 더는 말이 나오지 않았다.

다음날 저녁에는 더 많은 사람들이 모였고 날이 갈수록 숫자가 늘어났다. 단호방의 집이 너무 비좁아져서 로티는 빈 헛간을 빌려 모임을 열었다. 또한 텡초우에 있는 마사 크로포드에게 와서 도와달라는 전갈을 보냈다.

다행히 마사는 전갈을 받자마자 곧바로 로티를 도우러 와 주었다. 예수의 도에 대한 마을 사람들의 관심이 점차 커지면서 50가구 중 20여 가구가 주일 아침을 포함해 매일 저녁 로티와 마사의 이야기를 들으려고 모임에 참석했다. 두 여인이 감당하기에는 너무 벅차 그들은 시세로 프르트에게도 도움을 청했다. 시세로가 연락을 받고서 재빨리 달려왔다. 그는 남자들과 함께 앉아서 직접 그들과 이야기를 하고 질문에 답변을 하며 로티의 부담을 덜어 주었다.

시세로는 또한 좋은 소식을 전해 주었다. 최근 장로교단에서 파송된 안나 시워드라는 선교사를 만났는데, 내년 초에 두 사람이 결혼할 예정이라고 했다. 로티는 또 한 명의 여선교사가 합류하게 되었다는 사실에 몹시도 기뻤다.

그리고 마침내 샤이링 마을에 예배 모임이 만들어졌다. 그러나 로티가 텡초우에 가서 여름을 보내려고 하자 샤이링의 교인들은 선교위원회에서 로티를 대신할 선교사를 보내지 않는다는 사실에 적잖이 실망하고서 몇 명의 개종자들이 선교위원들에게 편지를 보냈다.

저는 핑투에 사는 사람입니다. 십 년 전부터 예수의 도에 대해 듣기는 했으나 정식으로 알아볼 기회가 없던 차에 선교사를 만나 궁금증이 풀리고 즉시 기독교 신앙을 갖게 되었습니다. 현재 믿음을 성장하게 하려고 열심히 노력하고 있으나 이곳에는 저희를 가르칠 목회자가 없는 실정입니다. … 이 공훈의 빛은 온누리에 퍼져 갈 것이고 다함없는 감사가 넘쳐날 것입니다. 저는 단비를 기다리는 메마른 땅처럼, 신앙의 도를 갈구하고 있습니다.

로티 자신도 갈급한 심정으로 선교위원회에 편지를 보내 "북 중국에 30명의 씨 뿌리는 일꾼을!"이라는 슬로건을 내걸며 호소했다.

마침내 오랫동안 기다리던 소식이 들려왔다. 남 침례 여선교회에서는 자발적으로 성탄절 선교특별헌금을 거두는 일에 발 벗고 나섰다. 여선교회 회장이 된 애니 암스트롱은 천여 통의 편지를 일일이 손으로 써서 각 침례교 여성도에게 헌금에 참여하라고 권했고, 로티의 중국 선교 사역이 적힌 3천여 장의 안내장과 함께 3만여 장의 헌금 봉투를 동봉해서 보냈다. 애초에 여선교회에서 중국 선교사들의 후원금으로 목표한 액수는 2천 달러였다. 그러나 실제로 걷힌 헌금 액수는 무려 3천 3백 15달러 26센트였다. 그리하여 세 명의 선교사가 중국에 새로 파송되었는데, 파니 나이트라는 여선교사와 조지 보스틱 부부였다. 그리고 로라 바튼과 메리 손튼이라는 선교사도 그들의 뒤를 따라 도착하기로 되어 있었다.

로티는 뛸 듯이 기뻤다. 드디어 도움의 손길이 오고 있었다.

핍박

1889년 7월, 텡초우에 머물고 있던 로티는 신입 선교사들이 도착하기를 눈이 빠지게 기다리고 있었다. 마침내 어느 더운 여름날 오후, 가마 한 대가 로티 집 대문 밖에 멈추어 섰고, 북 캐롤라이나 출신의 파니 나이트 여선교사가 가마에서 내렸다. 새로운 환경을 둘러보는 모습을 보며 과연 파니가 어떤 생각을 하고 있을지 궁금했다. 중국은 여전히 온갖 위험이 도사리고 있는 선교지였기에 열악한 환경 속에서도 기쁨과 용기를 잃지 않는 선교사가 되길 속으로 기도했다. 얼마 후 두 사람은 핑투로 갈 예정이었다. 핑투에는 개종자들이 계속해서 늘어나고 있었다. 언젠가는 개종자들에게 핍박이 오리라는 사실을 예감하고 있었고, 그렇게 될 경우 로티와 파니도 예외 없이 핍박의 소용돌이 속에 휘말리게 될 것이다.

파니 나이트는 몸이 호리호리하고 짙은 밤색 머리칼에 늘 웃음을 잃지 않는 여성이었다. 로티는 금세 파니가 좋아졌다. 파니는 텡초우에 있는 로티의 집에 머물면서 중국 의상을 입고 기본적인 중국말을 배웠다.

파니가 중국에 도착하고 얼마 지나지 않아 보스틱 선교사 부부가 도착했고, 곧 로라 바튼도 도착했다. 로티와 마사 크로포드는 그들이 새로운 환경에 적응하고 정착하도록 곁에서 도와 주었다. 두 달 후에 파니는 로티와 함께 핑투로 가고, 로라는 텡초우에 남아 마사를 도와 주고, 보스틱 부부는 황시엔으로 가서 시세로 프르트 선교사와 함께 일하기로 결정되었다. 로티의 전도를 통해 개종한 교인 두 명이 핑투에서부터 텡초우까지 걸어와서 로티의 안부를 묻자 지금이야말로 핑투로 돌아가 개종자들을 돌보아야 할 때라는 생각이 들었다. 작년에 안식년을 1년 연기했지만 파니가 중국어를 배워 자신의 사역을 맡아 줄 수 있을 때까지 다시 안식년을 연기해야만 했다.

로티와 파니는 보스틱 부부와 함께 황시엔으로 가서 시세로 프르트를 만났다. 이틀 동안 시세로의 융숭한 대접을 받은 후에 로티와 파니는 다시 핑투로 향했다.

핑투에 도착해 보니 샤이링 마을에 사는 두 명의 여성과 네 명의 남자들이 세례를 받고 싶어 했다. 로티는 시세로 프르트를 불러서 마을 밖의 작은 개울에서 여섯 명의 개종자에게 세례를 베풀도록 했다. 그 일을 기점으로 샤이링 마을에는 공식적인 침례교회가 탄생했다.

그러나 세례를 받은 두 여성은 안전한 처지가 아니었다. 두 사람 모두 결혼을 앞두고 있는 처녀였는데, 결혼을 하게 되면 당연히 시댁의 조상 숭배를 따라야 하고 집이나 조상의 무덤 앞에서 제사를 지내야 했다. 물론 그리스도인으로서 죽은 사람을 숭배할 수 없는 노릇이고, 신부가 제사를 거부하는 것은 남편과 시댁 식구를 모욕하는 불손한 행동이었다.

다행히 한 신부는 행복한 결말을 맺었다. 자신이 새로운 종교를 믿게 되었다고 남편에게 고백하자 남편과 시어머니가 그 여성을 이해를 해 주며 억지로 제사에 참여하도록 강요하지 않았다. 로티는 그 여성이 결혼식을 올리기 전에 여러 번 만나서 남편과 함께 볼 만한 기독교 책들을 여러 권 구해 주었다. 그 여성은 평생 독실한 신앙인으로 살았다.

반면에 또 한 명의 여성은 비극적인 결말을 맞이해야 했다.

시어머니가 그 여성에게 가혹한 욕설을 퍼부으며 학대하다가 끝내 분노를 참지 못하고 그 여성을 죽이고 만 것이다. 로티는 몹시 슬프고 안타까웠으나 전혀 예상하지 못한 일은 아니었다. 오히려 더 심한 핍박에 대비하도록 개종자들을 일깨우기 시작했다.

개종한 여성들만 증오의 대상이 된 것은 아니었다. 샤이링 마을에는 리킨이라는 노인이 있었는데 사람들이 부르는 찬송가 소리에 매료되어 기독교에 관심을 갖게 되었다. 로티의 전도 모임에 몇 번 참석하고 나서 리킨은 로티가 천국의 진리를 설파한다는 확신을 갖게 되었다. 그리하여 모임 중에 자리에서 일어나 그리스도인이 되겠다고 당당하게 말했다. 그때부터 그의 고난은 시작되었다. 그는 비록 남자였지만 로티에게서 직접 배우고 싶은 마음에 로티의 집으로 찾아가 개인적으로 이야기를 나누었다. 로티는 그에게 신약 성경 한 권을 주었다. 노인은 글을 몰라 읽지는 못했지만 성경을 소중히 간직했다. 그러나 그가 성경을 들고 집에 들어서자 아들들이 가만히 있지 않았다. 성경을 뺏으려고 하다가 아버지가 책을 움켜쥐고 놓지 않자 아버지를 때리고, 침을 뱉으며 헛간에 가두어 버렸다. 그러나 리킨은 헛간에 갇혀서도 하나님이 자신을 사랑하신다고 기쁘게 찬송을 불렀다.

리킨은 가족에게 몇 주간이나 이런 학대를 받았지만 기회만 있으면 집에서 도망쳐 로티를 찾아갔다. 로티는 하나님이 어떤 상황에서도 선을 이루실 수 있음을 상기해 주면서 그에게 어려움을 참고 견디라고 위로했다. 물론 그러한 충고가 쉽게 나온 것은 아니었다. 로티는 미국인이었고 중국은 조약을 통해 미국 선교사들 뿐 아니라 기독교로 개종하는 중국인에 대해서도 권리를 보호하겠다고 약속했다. 조약에는 개종했다는 이유로 중국인들을 핍박하거나 해칠 수 없고 개종할 권리를 보호하도록 명시되어 있었다. 로티는 옌타이에 있는 미국 대사관에 편지를 써서 권리 보호를 요구할 수 있었고, 한 때는 그것을 심각하게 고려해 보기도 했다. 그러나 곧 그것이 현명한 처사가 아니라는 판단을 내렸다. 신약 성경에 보면 참수형을 당한 세례 요한과 돌에 맞아 죽은 스데반을 비롯하여 얼마나 많은 신자가 믿음의 핍박을 받았는가? 막강한 외국 군대를 불러들여 그리스도인에 대한 핍박을 제압해 달라는 부탁은 결국 어이없는 실수가 되고 말 것이다. 만약 그런 일이 벌어진다면 중국인이 그리스도인을 어떻게 보겠는가? 목적을 달성하려고 무력 사용도 불사하는 사람들이라고 생각할 것이다. 로티는 리킨에게 담대한 믿음을 갖고, 핍박하는 사람을 위해 기도하라고만 권면했다. 얼마 후에 리킨은 자신의 가족이 그를 다른 방법으로 시험한다고 로티에게 알려 주었다. 리킨은 글을 몰랐기 때문에 가족들은 리킨의 조카이며 유교학자인 리쇼우팅에게 신약 성경을 큰소리로 읽어달라고 부탁했다. 그렇게 하면 리킨이 자신의 종교가 터무니없는 엉터리라는 사실을 깨닫고 다시 조상 숭배를 하게 되리라 기대했기 때문이다.

리쇼우팅은 기꺼운 마음으로 예수의 가르침에 대해 비난거리를 찾기 시작했다. 삼촌이 믿는 종교가 얼마나 모순되며 오류 투성이인지를 지적해 주고 싶었다. 그러나 놀랍게도 리쇼우팅은 마치 마법에라도 걸린 듯 성경에 빨려 들어가기 시작했다. 모순되기는커녕 자신이 그동안 배운 유교 경전보다 더 심오하고 이치에 맞아 보였다. 삼촌에게 성경을 읽어 준 후에 리쇼우팅은 그날 밤 몰래 혼자서 성경을 읽었다.

다음날 아침, 리쇼우팅은 로티를 찾아가 자신이 읽은 내용을 설명해 달라고 부탁했다. 물론 로티는 누구보다 기쁜 마음으로 설명해 주었고 시간이 흐를수록 그녀의 기쁨은 증폭되었다. 그는 진지하게 진리를 갈구하는 매우 기품 있고 명석한 청년이었다. 나름대로 그에게 설명을 해주면서도 그가 남자라는 사실 때문에 로티는 마음의 부담을 느꼈다. 계속 리쇼우팅이 자신을 찾아오자 로티는 시세로 프르트에게 와서 도와달라고 연락을 했다.

오래 지나지 않아 리쇼우팅 역시 삼촌처럼 예수 그리스도를 믿기로 결심했다. 그리하여 세례를 받고 샤이링 침례교회의 교인이 되었다. 모든 교인은 리킨이 그동안 고통과 학대를 참은 끝에 훌륭한 결과가 맺힌 것을 보고 놀랐다. 그들이 미래의 일을 미리 내다보았다면 아마 더 크게 놀랐을지도 모른다. 리쇼우팅은 성경에 정통한 사람이 되어 중국 북부를 다니며 사람들에게 전도하고 믿는 사람들에게 세례를 베푸는 유능한 전도자가 되었다. 그리하여 평생 만 명 이상의 사람들에게 세례를 주었다고 한다.

1890년 설날을 즈음하여 샤이링과 핑투의 교인에게 더 심각한 고난이 다가왔다. 예로부터 중국에는 설날에 조상에게 제사를 지내는 풍습이 있었다. 그리스도인들이 조상에게 제사를 지내지 않는다는 소문이 퍼지자 이를 괘씸하게 여긴 마을 사람들이 들고 일어난 것이다. 리쇼우팅은 형제들에게 끌려가 대나무 몽둥이로 두들겨 맞았다. 그가 의식을 잃고 쓰러지자 사람들은 그를 질질 끌고서 마을 중앙으로 갔는데, 도중에 머리 가죽이 반이나 벗겨져 나갔다. 그러나 그는 사람들이 웅성거리는 틈을 타 로티에게로 도망쳤다.

처음 로티에게 예수의 도를 가르쳐 달라고 부탁했던 단호방 역시 성난 친척들의 손에 위기를 맞고 있었다. 친척들은 단호방의 손과 발을 장대에 묶어 놓고 구타했다. 손과 발로 마구 때리면서 기독교를 믿지 않겠다고 말하라고 협박했지만 단호방은 굴복하지 않았다. 샤이링 마을에 사는 교인 한 명이 로티를 부르러 핑투로 달려갔다. 그는 숨이 턱에 차서 다급하게 말했다. "지금 오시지 않으면 그들이 단호방을 죽일 겁니다. 어쩌면 이미 죽였을지도 몰라요!"

로티의 머릿속에는 수천가지 생각이 스쳐갔다. 미국 영사에게 도움을 요청할까? 그냥 혼자서 샤이링으로 가야 하나? 만약의 사태를 위해 핑투의 남자 교인들 몇 명과 함께 가야 하나? 몇 분간 이런저런 궁리를 한 끝에 로티는 가마 한 대를 불렀다. 자신이 그들을 예수 그리스도의 믿음으로 이끌었으므로 이제 그들을 보호하려고 목숨을 내놓아야 한다면 기꺼이 그렇게 하리라고 각오를 다졌다.

"노새를 더 빨리 몰아줄 수 없나요?" 로티는 샤이링까지 15km의 거리를 흔들리는 가마를 타고 가면서 가마꾼에게 큰소리로 부탁했다. 마을 성벽에 가까이 이르자 사람들의 고함과 욕하는 소리가 시끄럽게 들려왔다. 로티는 숨을 깊게 들이마시고 지혜를 달라고 하나님께 기도했다.

로티를 데리러 온 사람의 말처럼 성난 군중은 마치 피에 굶주린 짐승처럼 난폭하게 굴었다. 로티는 사람들 사이를 비집고 들어갔다. 머리를 감싸고 무릎을 꿇고 앉아 있는 단호방을 보는 순간 숨이 멎는 것 같았다. 사람들이 발로 차고 침을 뱉고 난리를 친 결과로 그의 얼굴은 온통 피범벅이었다. 막대기를 손에 들고 앞을 가로막고 있는 남자들을 밀치고서 로티는 단호방 곁으로 달려 나갔다.

모여 있던 사람들이 흠칫 놀라 일순간에 잠잠해졌다. 그 순간을 놓칠 새라 로티는 가마를 타고 오는 중에 생각해 두었던 말들을 큰소리로 외쳤다. "만약 교회를 파괴하고 교인들을 해치고 싶다면 먼저 나를 죽이시오! 우리의 주님이신 예수님은 우리 그리스도인들을 위해 생명을 바치신 분이고 나 또한 지금 여기에서 예수님을 위해 죽을 준비가 되어 있습니다!" 그런 후에 로티는 단호방을 바라보며 말했다. "우리 주님 예수 그리스도께서 우리를 지켜보고 계십니다. 우리가 아무리 핍박을 당해도 예수님이 승리로 이끄실 것입니다."

그때 단호방의 조카가 로티를 향해 소리 질렀다. "이 서양 귀신아! 네가 그렇게 원한다면 죽여 주마!" 그는 말을 마치자마자 커다란 칼을 머리 위로 치켜들더니 로티를 향해 내려치려고 했다. 그러나 어떤 이유에서인지 돌연히 팔을 내리더니 칼을 땅바닥에 그대로 떨어뜨리고 말았다. 모여 섰던 사람들도 그 모습에 주눅이 들어 한두 명씩 서서히 자리를 떠나기 시작했다.

로티는 단호방을 일으켜 세워 집으로 데려갔다. 몇 명의 교인들이 그의 상처를 치료하고 싸매 주었다. 로티는 곁에서 위로와 격려의 말로 그들을 거들었다. "우리 모두 포기하지 맙시다! 성경에 보면 '의를 위하여 박해를 받은 자는 복이 있나니'라고 말씀하고 있습니다. 우리가 끝까지 믿음을 지키면 다른 사람들도 우리를 본받게 될 겁니다."

단호방이 움직일 수 있을 정도가 되자 로티는 그를 데리고 핑투로 가서 상처가 완전히 회복될 때까지 돌봐 주었다.

샤이링의 교인들을 향한 핍박은 그치지 않았지만 그 가운데 뭔가 변화가 일기 시작했다. 한 백인 여성이 나이 많은 중국인 남자를 위해 생명을 내놓은 장면을 보고서 많은 마을 사람들은 깊은 감동을 받은 것이다. "그 백인 여성이 예수가 그리스도인들을 위해 생명을 바쳤다고 했던가?" 사람들은 은밀하게 서로 그런 질문을 했다. 샤이링 마을에는 곧 놀라운 부흥이 일어나기 시작했다. 작은 침례교회가 넘쳐날 정도로 개종자들이 줄을 이었고 예수 그리스도를 믿는 도에 대해 자세히 알기를 갈망했다.

로티는 선교위원회에 선교사를 더 파송해 달라는 편지를

계속해서 보냈다. 특히 핑투의 주변 마을을 다니며 전도할 수 있는 남선교사들이 오기를 바랐다. 로티가 가는 곳마다 중국 사람들이 로티를 에워싸고 질문 공세를 벌였다. 어느 날에는 10명의 남자가 로티를 찾아와 리추엔이라는 인근 마을로 데리고 갔다. 누군가 천국의 도에 대해 말하는 것을 듣고 더 자세히 알기 위해 로티를 초청한 것이다.

1890년 여름, 다행히 기다리던 도움의 손길이 도착했다. 메리 손튼이었다. 하지만 조지 보스틱의 아내가 사망했다는 슬픈 소식도 함께 도착했다. 11월에는 리그 선교사와 그의 아내가 로티의 사역을 도우려고 중국으로 왔다. 로티로서는 사역의 짐을 엄청나게 던 셈이었다. 이제 파니 나이트는 마을을 다니며 전도할 수 있을 정도로 중국어 실력이 늘었다. 리쇼우팅 역시 뛰어난 전도자가 되었다. 리그 선교사가 중국어를 어느 정도 배우기만 하면 중국인 남자들을 전도할 수 있게 될 것이고, 개종자들에게 세례를 줄 수도 있을 것이다.

새로운 선교사들이 로티의 일을 분담하게 되자 지금이야말로 고국으로 안식년을 떠날 때라는 생각이 들었다. 고국 땅을 떠나 온 지 벌써 13년이었다. 로티는 귀국의 꿈에 부풀어 엠프리스 오브 차이나 호의 배표를 사놓고 미국으로 돌아갈 날을 기다렸다.

Chapter 13
암울한 시기

그날은 바람이 거세게 몰아치는 여름날이었다. 안식년을 보내려 고국에 돌아가는 로티와 프르트 선교사 부부는 엠프리스 오브 차이나 호의 갑판 위에 나란히 서 있었다. 배가 상하이 부두를 빠져나가는 사이 로티의 가슴 속에는 여러 감정이 교차했다. 고국에 돌아가서 유일하게 남은 혈육인 에드모니아와 아이크를 만나고, 버지니아 언덕에서 평화롭게 쉴 생각을 하니 무척이나 기뻤다. 그러나 한편으로는 텡초우의 남침례교단 선교사들 사이가 순탄치 않아 마음이 무거웠다. 중국으로 돌아온 탈레튼 크로포드 선교사는 선교위원회의 정책에 대해 이전보다 더 비판적이었다. 그는 미국에 있는 동안 자신을 노장 선교사로 대우해 주고 설교를 요청하리라고 기대했으나, 선교위원들에 대해 노골적인 불만과 비평을 가했기 때문에 어디서도 큰 환영을 받지 못했다.

그는 텡초우에서 일하는 다른 선교사들과도 좋은 관계를 맺지 못했다. 오만함과 까다로운 성격 때문에 어떤 문제든지 자신의 의견이 받아들여질 때까지 강요와 독촉을 일삼았다. 그가 최근에 들고 나온 문제는, 고국에 있는 선교위원들의 간섭 없이 현지 선교사들이 자체적으로 사역을 진행하도록 허가하라는 것이었다. 즉, 선교위원회는 선교사들에게 일체의 지시나 충고 없이 후원금만 보내 주면 된다는 주장이었다.

탈레튼 선교사의 주장에 로티도 어느 정도는 동의했다. 선교위원들 중에는 미국을 벗어나 다른 나라를 여행해 본 사람이 많지 않았고, 선교사의 실제 삶에 대해서도 잘 알지 못했다. 하지만 그 문제를 어떻게 갈무리할지에 대해서는 서로 의견이 달랐다. 로티는 선교위원들을 완전히 사역에서 배제하지 말고 정기적으로 연락을 취하면서 현지에서 일어나는 상황들을 성심성의껏 설명해 주어, 선교위원들이 해외 선교사가 부딪치는 문제를 제대로 이해하고 경청하게 해야 한다고 생각했다.

로티와 의견을 같이했던 프르트 선교사 부부도 지금 로티와 함께 고국으로 안식년을 보내러 가는 중이었기에 침례교 선교사들 간에 어떤 일이 일어날지 걱정이었다. 신입 선교사 세 명은 탈레튼의 편을 들고 나서는 분위기여서 왠지 불안했다. 탈레튼 크로포드의 극단적이고 날카로운 주장에 맞서 균형을 잡아 줄 사람이 없는 상황에서 과연 어떤 사태가 벌어질 것인가? 선교위원회에서는 아직 상황을 모르고 있었고, 중국 현지에서는 문제가 마냥 불거지고 있었다.

고국으로 돌아가는 항해는 편안하고 순조로웠다. 고된 사역으로 로티는 몸이 많이 약해졌고 두통에 시달리고 있었기에 편안한 항해야말로 로티가 바라던 바였다. 엠프리스 오브 차이나 호가 샌프란시스코 항에 도착하자 로티는 배에서 내려 곧장 에드모니아와 아이크가 기다리고 있는 스코츠빌로 향했다. 로티가 귀국하자마자 여러 남 침례교회의 여선교회에서 설교를 부탁하는 요청이 쇄도했지만, 로티는 단호히 거절했다. 이유는 자기 자신을 위해서라기보다는 중국에 있는 그리스도인들을 위해서였다. 이제 로티는 쉰한 살이었고, 6개월 정도 온전히 휴식을 취하지 않는다면 중국으로 돌아가서 선교 사역을 계속할 수 없을 것만 같았다.

에드모니아가 산 작은 집은 로티가 머물러 쉬기에 더할 나

위 없이 좋은 곳이었다. 로티는 깨끗한 침대보가 깔린 안락한 침대 위에서 뽀송뽀송한 이불을 덮고서 편안히 쉬었다. 매일 밤 침대에 오를 때마다 웬 호사인가 싶은 생각이 들었다. 아침에는 우유를 짜는 젖소의 딸랑거리는 방울 소리와 닭들이 창문 밑을 오가는 정겨운 소리에 잠이 깨었다. 한 때 로티의 가족이 소유했던 광활한 농장을 본 따 에드모니아는 작은 공간이지만 농장 분위기를 만들어 놓은 것이다. 길을 따라 올라가면 전에 살던 뷰몬트의 집이 있었다. 남북전쟁 이후 몰락한 농장주들이 대저택을 유지할 수 없어 버려둔 집들처럼, 뷰몬트의 집도 그런 집들 가운데 하나였다. 이제는 낯선 사람이 살고 있었지만 로티는 종종 무성한 잡목 사이를 지나 어릴 적의 추억이 서려 있는 옛집으로 발길을 옮겼다.

6개월 동안 에드모니아와 두 하인의 돌봄으로, 남 침례 여선교회 모임들을 다니며 설교를 할 수 있을 정도로 건강이 회복되었다. 마침 그 시기는 침례교단 최초의 선교사였던 윌리엄 캐리의 인도 파송 백주년을 기념하는 때였다. 매우 중요한 행사였기 때문에 많은 사람이 로티를 초청해 이교도 속에서 선교했던 선교사의 생생한 간증을 듣고 싶어 했다.

로티는 가능한 모든 초청을 받아들여 스코츠빌 침례교회에서부터 시작하여 남 침례 총회가 열리는 미국 동부 체푸의

애틀랜타까지 여행했다. 여전히 교회 회중 앞에 여자가 나서서 설교하는 것은 허락되지 않았다. 개별적인 작은 모임이나 만찬 자리, 다과회 등에서 로티는 중국에서 자신이 했던 사역에 대해 이야기하고 중국에 더 많은 일꾼이 들어가야 한다고 역설했다.

조지아 주에 갔을 때 로티는 안나 새포드와 함께 여학교를 시작했던 카터스빌을 방문했다. 그러자 거의 모든 마을 사람이 나와서 로티를 반겨 주었다. 자신이 가르쳤던 여학생들은 어느 덧 자녀를 둔 중년의 여성이 되어 있었다.

로티는 가는 곳마다 미국인들이 갖고 있는 중국인들에 대한 선입견과 잘못된 인식을 바로잡으려고 노력했다. 선교사 초기에는 자신도 중국인들을 미개한 이교도라고 편지에 언급한 적이 있었지만, 오랫동안 중국인들 사이에서 살면서 로티의 생각과 태도는 완전히 바뀌었다. 이제 사람들이 중국인들을 미개인이라고 부르면 로티는 얼굴을 찡그렸다. 자신이 텡초우와 핑투에서 만난 중국인들은 미개하기는커녕 현명하고 근면하기 이를 데 없는 사람들이었다. 누군가 그런 단어를 사용할 때마다 로티는 부드럽게 타일렀다. "서양인들이 북유럽의 숲속을 배회하고 다닐 때 중국인들은 이미 문명사회를 이룩했습니다. 저와 함께 중국인들이 구원을 받도록 기도합시다. 그리고 믿지 않는 중국인들을 존중하는 겸허한 태도로 기도해야 한다는 사실을 명심하십시오."

고국에서 안식년을 보내는 동안 중국 선교사들의 소식이 단편적으로 들려왔다. 그리고 선교위원회의 총무인 헨리 투퍼를 만난 자리에서 실상을 소상하게 듣게 되었다. 로티가 우려했던 일들이 급기야 벌어지고 말았다는 우울한 소식이었다. 탈레튼 크로포드와 신입 선교사 몇 명이 침례교단을 탈퇴하고 GM(가칭 Gospel Mission의 약자–역주)이라는 자체 조직을 만들었다는 것이다. 로티도 탈레튼의 의도를 벌써부터 짐작하고 있었지만 막상 그가 실행에 옮겼다는 사실에 놀라움을 금치 못했다. 핑투에 있는 파니 나이트에게 편지를 써서 행여나 자신도 탈레튼 크로포드의 적수가 되는 것은 아닌지 모르겠다고 불안한 마음을 토로했다. 이제 북 중국 지역에 침례교단 선교사로 남아 있는 사람은 파니 나이트와 로라 바튼, 그리고 로티가 귀국한 뒤에 중국으로 들어간 시어스 부부뿐이었다.

어느 덧 안식년이 끝나가자 로티는 한시바삐 중국으로 돌아가서 일하고 싶었다. 하트웰 부부는 텡초우로 돌아갔고 프르트 부부도 다시 황시엔의 선교 기지로 돌아간 뒤였다.

로티가 중국으로 돌아온 지 얼마 안 되어 남아 있는 남 침례교단 소속 선교사들이 한자리에서 모임을 갖기로 했다. 모임에 앞서 로티는 청천벽력 같은 소식을 듣게 되었다. 파니 나이트가 탈레튼 크로포드가 결성한 단체에 속한 사람 중 한 명과 결혼하게 되어 핑투를 떠나 타이안 푸(Taian-fu)라는 지역으로 옮긴 것이다. 그러나 안타깝게도 결혼 직후에 파니는 병에 걸려 세상을 떠나고 말았다. 로티의 슬픔은 이루 말할 수 없었다. 신실한 동료였고 핑투의 선교 사역에서 로티가 누구보다 의지했던 사람이었기 때문이다.

마침내 침례교 선교사들이 한자리에 모였다. 로티 문, 하트웰 부부, 프르트 부부, 시어스 부부, 로라 바튼 모두 여덟 명이었다. 그들은 어떻게 사역을 분담하는 것이 효과적일지를 논의했다. 수많은 토론을 거쳐 그들 중에 가장 선교 경험이 풍부한 로티가 텡초우에 있기로 하고, 하트웰 부부는 텡초우에서 여학교를 세우고 교회의 여성도들을 가르치는 사역과 인근 마을을 전도하는 일을 계속하기로 했다.

로티가 핑투를 떠나야 했기 때문에 프르트 부부가 황시엔에서 핑투의 사역을 함께 돌보기로 했다. 로티는 리쇼우팅을 비롯한 핑투의 그리스도인이 스스로 전도할 수 있을 만큼 믿음이 견고해졌다고 생각했다.

모든 선교사가 어디에서 무슨 일을 할 것인지가 정해지고 나자 로티는 다시 텡초우로 돌아갈 준비를 서둘렀다. 그러나 텡초우로 가기 전에 할 일이 한 가지 있었다. 핑투와 샤이링 마을을 방문해 교인을 격려하고 돌아보는 일이었다. 가마를 타고 핑투로 가는 길은 여전히 덜컹거리고 불편했지만 고생한 보람은 충분했다. 샤이링의 교인들은 자신들의 선교사를 다시 만난 기쁨에 들떴다. 열한 명의 새신자가 세례를 받았고 교회는 빠르게 성장하고 있었다. 그 뿐만이 아니었다. 안식년 전에 로티가 샀던 땅 위에 중국 양식의 교회 건물과 학교 하나가 세워져 있었다.

로티는 기쁨을 감추지 못했다. 중국 그리스도인들이 스스로 교회를 세우고 불신자들에게 전도하는 모습은 감동적이다 못해 숭고해 보였다. 로티가 떠날 때는 모든 사람이 서운해 했으나 자신이 없어도 교인들 스스로 훌륭하게 주님의 일을 하리라는 믿음이 있었기에, 교인들이 고난과 핍박을 견디도록 용기를 북돋워 주고 언제든지 텡초우에 와서 자신을 방문해 달라고 말했다. 교인들은 그러겠다고 다짐했고 약속대로 종종 로티를 만나러 오곤 했다. 그리하여 텡초우에 있는 로티의 집은 북 중국 이곳저곳에서 찾아오는 사람들로 늘 북적거렸다. 어려운 사정을 호소하며 로티의 조언을 구하러 오는 사람도 있었고 가난한 사람들과 걸인들도 찾아왔다. 로티는 찾아오는 사람들에게 언제나 묵을 장소와 음식을 제공했으며 돈이 있으면 용돈도 주었다.

세월이 흐르며 로티의 사역은 계속해서 늘어났다. 여학교를 열어서 여학생들을 가르치고 후에는 남학교도 시작했다. 주일학교에서도 가르쳤으며 매일 두 개 마을을 방문했다. 그 와중에 중국의 정치적, 사회적 상황은 극도로 악화되고 있었다. 1900년 초가 되자 중국의 황태후가 고의적으로 외국인들에 대한 적대감을 불러일으킨다는 생각이 들었다. 로티는 미국 영사인 존 포울러에게 그러한 내용의 편지를 써서 보냈다. 아무래도 언젠가는 서양인에 대한 적대감이 폭발할 것 같은 예감이 들었다.

어느 추운 겨울 아침 누군가 요란하게 대문을 두드리는 소리에 로티는 잠에서 깼다. 문을 열자 그 앞에는 라이초우에 사는 그리스도인 청년 한 명이 서 있었다. 라이초우는 황시엔과 핑투 사이에 있는 작은 마을이었다. 로티의 집에 찾아온 청년은 집안으로 들어서면서 다급한 음성으로 말했다 "저와 함께 가 주십시오. 지금 난리가 나서 교인들이 선교사님을 모셔 오라고 저를 보냈습니다!"

로티는 국수 한 그릇을 대접하며 무슨 일이 일어났느냐고 물었다.

"라이초우의 군수인 웨이성이 일으킨 난리입니다. 웨이성 군수는 원래 기독교를 아주 싫어하는 사람인데 그리스도인들이 못된 짓을 하고 다닌다는 헛소문을 듣고 저희를 벌하기로 했답니다."

"어떤 식으로 벌을 준다는 건가요?" 로티는 어떤 대답이 나올지 우려하며 되물었다.

"삼 일 전에 열세 명의 그리스도인들에게 도둑 혐의를 씌워 잡아갔어요. 물론 말도 안 되는 얘기고 군수도 그 사실을 알고 있습니다. 군사들이 그들의 변발 머리채를 말 안장에 묶어서 리초우에서부터 라이초푸까지 질질 끌고 갔습니다."

"혹시 그들이 죽었나요?"

"아니요. 리쇼우팅 목사님이 그 사실을 듣고 군수에게 찾아가 말을 멈추라고 요구했지요. 제가 떠나기 전에 붙잡힌 사람들은 전부 핑투의 감옥에 갇혔습니다. 와서 저희를 도와주십시오. 리쇼우팅 목사님을 포함해서 모든 교인이 선교사님이 오시기를 간절히 바라고 있습니다."

로티는 깊은 한숨을 내쉬며 눈을 감았다. 그곳으로 가야 할까? 지난 몇 개월 사이 텡초우 외곽을 여행하는 일은 극도로 위험해졌다. 외국인을 증오하는 의화단이라는 폭도가 도처에 깔려 있었던 것이다. 그들은 교회든, 책이든 외국 문물에 속한 것이면 닥치는 대로 파괴하고 없앴으며, 특히 중국인과 외국인을 막론하고 그리스도인들을 죽이는 데 혈안이 되어 있었다. 핑투의 그리스도인들을 도와 주려면 로티는 생명의 위협을 무릅써야 했다. 하지만 가만히 보고만 있을 수는 없었다.

로티는 한 가지 묘수를 생각해냈다. 위험하기는 해도 분명 효과가 있을 것이다. 로티가 청년을 바라보며 물었다. "마을 고관들이 타는 화려한 가마 하나를 빌려야겠는데, 혹시 알아볼 수 있겠어요?"

"해보겠습니다." 그는 즉시 가마를 알아보러 나갔다.

그 사이 로티는 잘 아는 마을 관리에게 옷을 한 벌 빌렸다. 넓은 소매가 달린 발끝까지 내려오는 긴 옷을 입고 붉은 색 짧은 상의를 덧입고는 변발처럼 머리를 뒤로 올려서 길게 하나로 땋아 내리고 커다란 붉은 단추가 달린 사발 모양의 모자를 썼다. 로티는 자신의 모습이 핑투로 공무를 보러 가는 관리처럼 보이기를 바라며 거울을 들여다보았다.

얼마 후에 로티의 부탁을 받고 나갔던 청년이 두꺼운 가리개가 쳐진 공무용 가마를 가져왔다. 가는 동안에 먹을 음식들을 챙기고 가마에 올라서는 흔히 관리들이 하는 식으로 앞 가리개를 살짝 올리고 팔짱을 끼었다. "자, 주님의 도우심을 구하며 출발합시다!" 청년은 그 말을 듣고 노새몰이꾼에게 앞으로 가라고 명령했다. 로티는 관리처럼 눈을 내리깔고 약간 거만한 자세로 가마에 앉아 행인들의 인사를 받으며 나흘 동안 길을 떠났다. 도중에 의화단 사람들 몇 명이 눈에 띄었으나 관리가 지나가는 줄 알고 허둥지둥 길을 피했다.

핑투에 도착해 보니 좋은 소식이 기다리고 있었다. 열세 명의 그리스도인들은 모두 무사하고 리쇼우팅 목사가 힘을 써서 모두 감옥에서 풀려났다고 했다. 그러나 전부 심하게 부상을 입은 상태였다. 말에 끌려 다닐 때 상처를 입기도 하고 감옥의 간수들에게 고문을 받기도 했다. 로티는 최선을 다해 그들을 안심시키고 꿋꿋하게 주님만을 의지하라고 용기를 불어넣어 주었다. 로티가 죽음을 무릅쓰고 그들을 도우러 와 주었다는 사실 자체가 그들에게는 무엇보다 값진 위로였다.

하지만 로티가 핑투에 돌아오면서 그곳의 그리스도인들이 위험에 노출되었다. 마을 곳곳에 의화단 밀고자들이 있었기 때문에, 누구든 로티와 함께 있는 모습을 들키기만 하면 의화단의 표적이 되었던 것이다. 자신이 그곳을 떠나는 것이 그 지역 그리스도인들을 살리는 길이 된다는 사실을 로티도 어쩔 수 없이 인정해야만 했다.

로티는 내키지 않는 걸음으로 황시엔을 거쳐 텡초우로 돌아왔다. 그곳에서 로티를 기다리고 있는 것은 의화단의 폭동이 잔학한 살육으로 변했다는 끔찍한 소식이었다. 두려운 이야기들이 나돌기 시작했다. 1900년 6월 28일에는 헤베이 지방에서 일하던 열여섯 명의 선교사들이 돌에 맞은 후에 목이 잘려 숨졌다고 했다. 헤이룽지앙 지방에서는 소경이었던 중국인 전도자 한 명이 사원에서 목이 잘렸고 그가 전도한 삼백여 명의 신자들도 함께 죽임을 당했다. 로티도 참혹한 사건이 발생하리라는 것을 예측하고는 있었지만, 아까운 목숨이 이슬처럼 스러지는 상황이 안타깝기 그지없었다. 의화단 사람들은 중국에서도 가장 학식이 높고 명석하며 선량한 사람들을 마구 잡아 죽이고 있었다.

7월 1일, 로티가 자신의 집에서 중국인 부부의 혼인 예식을 집도하고 있을 때 시급한 포고령이 전달되었다. 미국 영사인 존 포울러가 그 지역의 모든 외국인에게 피신하라는 지시를 내린 것이다. 로티는 두말없이 영사의 지시를 따르기로 했다. 상황이 극도로 나빠지고 있을 뿐 아니라 핑투에서와 마찬가지로 자신 때문에 텡초우의 중국인들까지 위험에 빠트린다는 사실을 알았기 때문이다. 재빨리 옷가지들과 책들을 가방 속에 챙겨 넣고서 대문을 자물쇠로 잠그고 텡초우 부두로 향했다. 부두에는 포함(강 기슭이나 해안의 수색과 정찰을 맡은 작은 군함－편집자 주) 하이치 호가 선교사들을 기다리고 있었다. 하이치 호의 선장 사씨는 매우 독실한 그리스도인이었는데 자신의 목숨을 걸고 선교사들을 안전한 옌타이 지역으로 옮기는 일에 나서 주었다.

하이치 호가 부두를 서서히 빠져나가는 동안 로티는 기가 막힌 표정으로 주변을 둘러보았다. 해변에는 의화단 사람들이 무리지어 다니며 막대기와 총을 휘두르고 큰소리로 사람들을 위협하며 난동을 부렸다. 수평선 가까이에는 러시아 포함들이 먹이를 노리는 사자처럼 정박해 있었다. 의화단 사건을 이용하여 러시아는 북 중국에서 세력을 확장시키려 하고 있었다. 사씨는 노련하게 하이치 호를 몰고 요크타운 호가 있는 곳에 도착했고 선교사들은 요크타운 호로 갈아타고서 옌타이로 향했다.

선교의 열매들

요크타운 호가 옌타이에 도착했다. 옌타이는 피신 온 외국인들로 넘쳐났다. 그들 사이에는 조약 항을 벗어난 지역에서 벌어지는 일들에 대한 끔찍한 소문들이 나돌았다. 의화단 사건의 희생자 수가 늘면서 로티는 참담함에 빠졌다. 1900년 7월 9일에는 조지 파딩이라는 영국인 침례교 선교사 부부와 세 명의 아이가 산시 지방에서 목이 잘렸으며 곧 이어 마흔 여섯 명의 선교사도 살해되었다.

암울한 소식들로 미루어 볼 때, 선교사들이 조약 항을 떠나 내지로 들어가도록 허락이 떨어지려면 아무래도 상당한 시일이 걸릴 것 같았다. 무엇을 어떻게 해야 할지 망설이던 중에 우선은 일본에서 도울 일을 찾아야 한다는 생각이 들었다. 그리하여 의화단 사건이 매듭지어질 때까지 일본의 후쿠오카로 가서 선교 사역을 계속하기로 했다. 곧 옌타이에서 떠나는 증기선을 타고 상하이에서 다시 배를 갈아 탄 후에 황해를 지나 일본으로 들어갔다. 1900년 7월 중순, 후쿠오카에 도착한 로티는 남 침례교 선교사인 맥콜럼 선교사 부부 집에 머물게 되었다.

평소 기질대로 로티는 곧장 일에 착수했다. 현지인들을 전도할 정도로 일본어를 배우기에는 시간이 많이 걸렸기 때문에 우선 상업학교에서 영어를 가르치기로 했다. 마땅한 교과서가 없었기 때문에 교사들은 각자 소신껏 수업 자료들을 준비했다. 물론 로티의 수업 자료는 성경이었다. 몇 주 만에 영리한 학생들은 성경 구절을 읽을 수 있게 되었다. 성경 구절을 읽고 나면 로티가 학생들에게 의미를 설명해 주었다. 얼마 못 되어 로티의 수업을 받던 학생 중에 세 명이 주님을 영접하게 되었다. 그러나 일본의 전도 사역이 아무리 잘 진행된다 해도 로티는 중국의 상황과 텡초우와 인근 마을에 사는 중국인 신자에 대한 소식이 궁금해 견딜 수가 없었다.

1년 후, 8개 나라들로 이루어진 연합군이 베이징을 침략해서 황태후를 몰아내고 중국에게 항복 문서에 서명하도록 하자 마침내 의화단 사건도 종결이 되었다. 그러나 의화단 사건은 수많은 희생자의 피로 얼룩졌다. 삼만 이천여 명에 이르는 중국 신자가 살해되었고 이백 삼십 명의 외국인 선교사와 그 가족이 목숨을 잃었다.

1901년 4월이 되자 텡초우로 돌아가도 안전하겠다는 생각이 들었다. 텡초우에 돌아와 보니 신자들은 대부분 무사했으며 교회도 그대로 남아 있었다. 그러나 핑투와 샤이링 마을에서는 수많은 교인이 죽음과 매질을 당했다. 외국 세력에 항복하면서 중국 정부는 의화단 사건으로 파괴되거나 손실된 재산을 보상하겠다고 약속했다. 산둥성의 침례교회들은 정확하게 손실을 계산하여 보고했고 단 한 푼도 더 요구하지 않았다. 그리스도인들이 보인 정직성과 역경을 이겨내는 모습을 보며 중국인들은 큰 감동을 받았다.

텡초우로 돌아온 로티는 그 어느 때보다 선교 사역의 기회가 활짝 열려 있는 것을 발견했다. 사람들은 그리스도인이 소망 가운데 의연하게 죽을 수 있는 힘이 과연 어디에서 생기는지 알고 싶어 했다. 몇 달 안에 개종자들에게 베푸는 세례식이 백여 건 이상 진행되었다.

의화단 사건은 세계 보도진들의 주요 기사가 되어 미국 교인들 사이에 중국 복음화에 대한 관심을 새롭게 하는 계기가 되었다. 중국이 다시 외국인들에게 문을 열자마자 새로운 선교사들이 들어오기 시작했다. 특히 로티의 사역에 영향을 받아 선교에 헌신한 사람들을 보며 로티는 마음 깊이 감사했다. 자신이 꿈꾸던 소망이 현실로 이루어진 것이다.

의료 선교사로는 처음으로 간호사 제시 페티그로우가 텡초우에 도착했다. 제시는 어린 시절에 로티의 헌신과 선교 경험담을 듣고 자랐다. 메리 윌포드라는 여선교사도 어린 시절 주일학교에서 들은 로티의 모험담에 도전을 받았다. 토머스 아이어스라는 의사와 그의 가족도 중국에 들어왔다. 그는 프르트 선교사의 이야기에 감명을 받아 황시엔 선교 지부에서 일하기 원했다.

1901년 말에 산둥성에서 의사 한 명과 간호사 한 명으로 이루어진 의료 선교가 시작되었다. 다음 단계는 그들이 일할 병원을 짓는 일이었다. 로티와 아이어스 의사는 선교위원회에 7천 달러를 보내달라고 편지를 보냈다. 그 돈이 조달된다면 최초의 병원이 탄생하게 될 것이다.

로티는 여러 사역에 매달리느라 1902년 새해가 다가오는 것도 몰랐다. 중국에 다시 온 지 벌써 9년이 되었으므로 안식년을 보낼 시기가 된 것이다. 로티의 강력한 주장 덕분에 선교위원회에서는 9년간 선교지에서 일한 선교사들에게 무조건 안식년을 주도록 정책을 변경했다. 로티는 중국을 떠나기 싫었지만 미국의 교인들에게 병원 건립을 위한 재정 후원을 호소해야 할 필요를 절실히 느꼈다.

1902년 여름, 로티는 옌타이로 가서 미국 사회에 걸맞은 양장 옷을 맞추어 입었다. 그동안 중국옷만 입고 지냈기에 미국 여성들의 옷이 어떤 유행을 타고 있는지도 몰랐다. 로티는 긴 치마에 목깃이 솟은 검은색 드레스와 공단 보닛 모자를 주문했는데, 유행에 한참 뒤쳐졌지만 로티의 취향에는 잘 맞았다.

1903년 1월에 귀국한 로티는 미국이 더는 자신의 고국이 아닌 낯선 나라가 되고 있다는 느낌을 지울 수가 없었다. 이번에는 로티가 쉴 만한 집도 없었다. 2년 전 에드모니아는 전에 살던 집을 팔고, 기후가 좋은 남부 지방을 전전하며 질병을 치료하려고 애썼다. 로티는 버지니아의 크르웨에 살고 있는 아이크 오빠의 집에 가서 머물렀다. 크르웨의 침례교회는 거의 전설적인 인물이 되어 버린 선교사 로티가 자신들의 지역에 산다는 사실을 매우 자랑스러워했다.

크르웨를 기점으로 로티는 미국 대륙을 횡단하며 여선교회 모임마다 선교 보고를 하고 가족과 친구들을 방문했다.

결혼해서 버지니아의 노포크에서 살고 있는 유일한 여조카 메이미를 방문했고, 오리안나 언니의 자녀도 만났다. 그들은 대부분 버지니아의 라노크 지역에 살고 있었다. 라노크에 있는 동안 에드모니아가 로티를 만나러 왔다. 에드모니아를 본 로티는 가슴이 미어지는 것만 같았다. 열 살이나 어린 동생이건만 자신보다 훨씬 늙어 보이고 초췌한 모습이었다. 좋은 시절은 다 가고 현실과 미래는 우울하고 고독할 뿐이라고 말하는 에드모니아를 보며, 로티는 에드모니아의 정신적 질병을 우려하며 하숙집을 전전하지 말고 한 곳에 정착해서 지내기를 소망했다.

가는 곳마다 사람들은 로티에게 중국으로 돌아가지 말라고 말렸다. 로티는 이제 예순두 살이었고 그동안 개척 사역으로 인해 많이 쇠약해져 있었다. 하지만 로티는 미국에 머물 생각이 추호도 없었다. 이제 더는 미국이 로티의 고국이 아니었다. 로티의 마음은 오로지 중국에 있었다.

미국에 있는 동안 한 교수가 1903년 여름에 거행되는 버지니아 대학 졸업식에 로티를 초청했다. 또 시어도어 루스벨트 대통령이 연사로 참석하는 정식 만찬에도 초대되었다. 로티가 자라난 뷰몬트 옆에는 로티의 삼촌이 소유했던 몬티셀로 농장이 있었다. 몬티셀로에서 열린 여덟 가지 정찬이 나오는 만찬회장에서 로티는 뷰몬트와 몬티셀로에서 자란 어린 시절의 추억에 잠겼다. 그러나 몬티셀로가 아무리 화려하다고 해도 텡초우에 있는 로티의 집과 비교할 수는 없었다. 텡초우는 로티에게 제2의 고향이었고 복음을 듣지 못한 사람들에게 복음을 전하기 위해 자신이 마땅히 있어야 할 곳이었다.

안식년을 보내면서 로티는 남 침례교인들이 남부에 사는 가난한 흑인들을 돕는 일에 별로 관심이 없는 것을 보고 안타까웠다. 로티는 기회가 있을 때마다 그곳의 아이들에게 음식과 옷을 가져다 주었다.

1904년 2월 27일, 미국에서 13개월을 보낸 후에 로티는 제2의 고향으로 출발했다. 샌프란시스코에서 증기선 차이나호에 오른 로티는 샌프란시스코 항이 시야에서 멀어지는 동안 지난 세 번의 고국 방문을 돌이켜 보았다. 예전에는 가족과 친구들을 또다시 만날 수 있을지 의문이었으나 이번에는 아주 분명하게 두 번 다시는 그들을 만나지 못하리라는 것을 예감했다. 아이크 오빠는 건강이 나빠져서 오래 살지 못할 것 같았고 에드모니아의 상태도 좋지 못했다. 에드모니아는 삶을 이어갈 의지조차 없었다. 남북전쟁 기간에 땅과 함께 삶의 토대를 빼앗긴 많은 남부 사람들이 결국 비참하게 삶을 마친 사례가 빈번하게 들려왔다. 에드모니아 역시 가문이 몰락하고 인맥이 끊어진 전형적인 경우였고 에드모니아 혼자 가정을 일으켜 세울 능력도 없었다.

중국에 돌아와 보니 산동 지방에는 여러 가지 변화가 있었다. 특히 로티를 기쁘게 한 것은 샤이링 마을 사람들이 마을의 오래된 사원을 바꿔 공립학교로 만든 것이었다. 로티는 이것이 중국 그리스도인들이 가장 의미 있게 마을에 기여하는 사역이라는 생각이 들었다. 샤이링 마을 사람들은 과거의 미신을 버리고 아이들의 교육과 복지에 투자하기로 했다.

선교사들 사이에도 큰 변화가 일어났다. 시세로 프르트는 남학생들을 위한 신학교를 세웠다. 이에 질세라 신입 선교사 메리 윌포드는 교회 여성도를 훈련하는 학교를 계획하고 있었다. 제시 오웬이라는 신입 선교사는 시골 마을을 다니며 전도 사역을 하고 있었고 학교도 세웠다.

가장 반가운 소식은 황시엔에 로티와 아이어스 의사가 꿈꾸던 병원 건립이 진행 중이라는 사실이었다. 조지아 주의 메이콘에 있는 제일 침례교회에서 병원 건립에 필요한 거의 모든 재정을 후원해 주었다.

이 외에도 중국의 그리스도인들은 여러 가지 개혁해야 할 문제를 스스로 인식하기에 이르렀다. 예를 들면 여성들의 전족 문제라든가, 전도, 주일학교를 운영하는 방식 등이었다.

로티는 그동안의 모든 변화에 만족하면서 자신은 어디에서 무엇을 하는 것이 가장 도움이 될지를 고심했다. 결국 자신의 자리는 교육 분야라는 결론을 내리고 중국에 와서 제일 먼저 했던 것처럼 학교를 세우고 운영하는 일을 시작했다.

의화단 사건 이후 중국인들은 교육에 열을 올리게 되었다. 로티는 거의 30여 년 전에 텡초우에서 열었던 최초의 여학교를 떠올려보았다. 그때는 아이들에게 학교에 나오라고 간청을 해야만 했다. 그리고 로티의 학교에 나오는 아이들은 사회에서 오갈 곳 없는 아이들뿐이었다. 그러나 이제는 학부모들이 찾아와 자신의 아이가 학교에 다닐 수 있게 해 달라고 간청했고, 마을에서 세도가로 소문난 집의 부인들도 로티에게 편지를 보내 자신의 딸들을 받아달라고 부탁했다. 그런 상황을 고려한 로티는 더 많은 부지를 구입하고 기존의 학교를 확장했다. 또한 어린아이를 위해 초등학교도 열었고, 핑투 사람들에게 여학교를 세우도록 장려했다.

로티는 이전만큼 시골을 돌아다니며 전도를 많이 하지는 않았으나 이제 오히려 시골에 사는 사람들이 로티를 찾아 텡초우로 왔다. 어떤 때는 여인들과 그 아이들 열다섯 명이 로티의 집에 머문 적도 있었다. 그들은 아픈 곳을 치료받거나 말씀을 더 배우기 위해서 로티를 찾았지만 나이 든 미국 여인에게 가면 음식과 잘 곳을 제공한다는 말에 오는 사람도 있었다. 로티는 자신을 찾아오는 여인들을 반갑게 맞이하며 있는 힘껏 도와주었다. 그들에게 성경을 읽어 주고, 찬송가를 가르쳤으며, 글을 가르쳐 준 후에 집에 가서 읽으라고 성경책을 주기도 했다. 물론 그 많은 사람을 대접하는 일에는 돈이 필요했다. 음식을 사고, 요리사에게 급료를 주고, 온돌에 땔 연료도 사야 했다. 그러나 비용은 상관하지 않고, 로티는 찾아오는 모든 사람을 환영했다.

의화단 사건 이후에 중국 정부는 혼란의 시기를 거듭했다. 그 결과 문관이 되기 위해 치렀던 과거 시험이 폐지되었다. 텡초우는 과거가 치러지던 도시였기에 과거를 치르려는 사람들로 인해 상업이 번성하여 돈이 원활하게 유통되었다. 그러나 문관 시험이 폐지되고 나자 텡초우는 중요한 산업 기반을 잃어버렸고 많은 사람이 도시를 떠났다. 그로 인해 선교회에서 세운 신학교도 황시엔의 새로 지은 병원 가까운 곳으로 옮겼다. 텡초우에 살던 남 침례교단 선교사들 역시 대부분 학교 이전과 함께 옮겨갔으나 로티는 그대로 남았다. 여전히 텡초우에는 할 일이 많았고 로티의 집은 수많은 중국인 신자에게 도움과 안식을 제공하는 장소였기에 로티는 쉽사리 옮길 수가 없었다.

다음해 로티는 오랜 동역자였던 마사 크로포드에게서 편지를 받았다. 탈레튼 크로포드가 침례교 선교위원들의 정책에 반발하여 새로운 단체를 조직해서 떠난 후에도 두 사람은 계속 편지로 연락을 주고받고 있었다. 이제 탈레튼이 세상을 떠났으므로 마사는 자유롭게 로티를 만나러 올 수 있었다. 일흔일곱 살이 된 마사는 텡초우에 오자마자 어느 때보다 기운이 솟는 듯 로티와 함께 마을들을 다니며 전도 집회를 열기 시작했다.

마사는 로티에게 특별한 부탁을 한 가지 했다. 남편 탈레튼이 사망하자 그와 함께 침례교단을 탈퇴했던 많은 선교사가 그 일을 후회하게 되었다고 한다. 그들이 갈라선 이유는 사실 탈레튼의 독설에 휩쓸렸기 때문이고, 이제는 선교위원회와의 맺힌 감정을 풀고 다시 남 침례교단에 소속되기를 희망하고 있었다. 로티는 양쪽 사람들과 원만한 관계를 맺고 있었으므로 마사는 떠났던 선교사들이 다시 침례교단에 합류할 수 있도록 로티에게 다리 역할을 해 달라고 부탁했다. 로티는 기꺼이 그렇게 하겠다고 나섰다. 선교사들끼리 서로 모함하고 갈라서는 것처럼 비참한 일은 없었다. 로티는 선교위원회의 새로운 총무가 된 로버트 윌링엄에게 편지를 써서 탈레튼 크로포드에게 동조했던 선교사들에 대한 문제를 거론했다. 그리하여 침례교단을 떠났던 선교사들 대부분이 다시 교단에 합류하여 중국에서 사역을 계속하게 되었다.

오랜 동역자인 마사를 다시 만나게 된 것도 반가웠지만 새로 선교위원회의 총무가 된 로버트 윌링엄이 선교사들의 사역을 보기 위해 중국으로 온다는 소식도 로티를 기쁘게 했다. 선교위원회에서 사람을 보내 중국 선교사들의 상황을 직접 파악하기는 이번이 처음이었다. 만약 로버트 윌링엄이 복음이 전파되고 있는 상황을 직접 목격하게 된다면, 고국에 돌아가 미국의 교인들이 더욱 선교 후원에 열심을 내도록 독려할 것이 틀림없다고 확신했다.

중국에 온 로버트 윌링엄은 생각했던 것 이상의 경험을 하게 되었다. 그가 중국에 도착하는 시기에 텡초우에 뇌막염 환자가 발생하면서 치명적인 전염병이 나돌았다. 중국을 방문한 이후에 로버트는 중국의 선교사들이 처한 실상을 새롭게 인식하게 되었다. 물론 중국에서 34년간 일했던 로티에게는 그런 상황이 그저 늘 겪는 고생 가운데 하나일 뿐이었다.

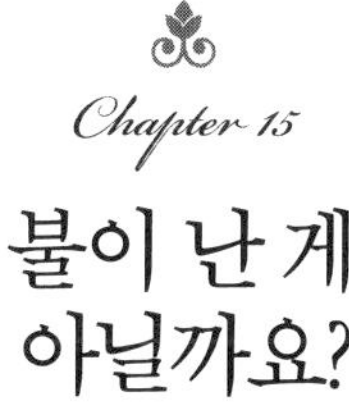

불이 난 게 아닐까요?

중국을 방문한 로버트 윌링엄은 미국으로 돌아가 교인들을 선교에 동원하는 일에 앞장섰다. 이듬해인 1908년에는 더 많은 선교사들이 중국으로 파송되었다. 그중에는 로티의 선교 사역에 깊은 감명을 받고 온 사람들이 꽤 있었다. 제임스 가스튼 의사와 그의 아내가 가장 먼저 중국에 도착했다. 제임스 가스튼이 로티의 사역에 대해 처음으로 들었을 때는 남침례 교인이 아니었다. 그러나 로티가 하고 있는 선교 사역에 큰 감동을 받고 남 침례교회에 다니기 시작하면서, 그는 로티를 위해 정기적으로 기도했다. 그리고 10년이 지난 지금 텡초우로 와서 로티에게 직접 중국어와 중국 문화를 배우게 된 것이다.

로티는 신입 선교사가 왔을 때 새로운 환경에 빠르고 쉽게 적응시키는 법을 터득하고 있었다. 자신의 집에 있는 방 하나에 침대와 탁자들을 들여놓아 서구식 손님방으로 꾸며 놓았다. 로티 자신은 그런 편안한 생활이 필요하지 않았지만 새로 오는 선교사가 받는 문화 충격을 줄이고 원만하게 중국의 생활 방식에 적응하도록 하려고 우선 그런 공간이 필요하다는 결론을 내렸다. 이는 35년 동안의 선교 경험과 에드모니아를 보며 터득하게 된 것이었다. 가스튼 부부가 어느 정도 적응을 하자 로티는 그들을 라이초우푸에 보내어 또 다른 침례교 병원을 개원하는 일을 맡도록 했다.

가스튼 부부가 떠난 후에 웨인 아담스라는 또 다른 남선교사가 로티의 손님방에 묵게 되었다. 웨인은 신학교를 갓 졸업한 청년이었는데 그동안 로티에 대한 이야기를 수없이 들었다고 했다. 그중에는 터무니없이 과장된 이야기도 있어 로티는 웃음을 참지 못했다. 그는 미국에서의 안락한 목회자 생활을 마다하고 중국으로 오게 되었다. 웨인에게는 플로이 화이트라는 약혼녀가 있었는데 미국에서 대학을 마치는 대로 중국에 와서 결혼할 예정이었다. 웨인이 훌륭한 선교사가 될 자질이 있음을 보고서 로티는 그에게 중국어와 문화를 가르치기 시작했다.

웨인이 도착한 지 몇 주가 지나서 웨인과 로티는 식탁에 앉아 저녁을 먹으며 이야기를 나누고 있었다. 당시의 중국인들은 외부 세계에 대한 지식이 풍부하지 못했고 지구가 평면이라고 믿었다. 로티는 미국인이 올 때마다 세계의 이슈들을 놓고 토론하기를 즐겼다. 식탁에서 이런저런 이야기를 하다가 갑자기 웨인이 자리에서 벌떡 일어나며 로티에게 물었다.

"뭔가 타는 냄새가 나지 않나요?"

그 말에 로티도 주의해서 냄새를 맡아보았다. 중국식 집에는 굴뚝이 없기 때문에 집안에는 늘 약간 매캐한 연기 냄새가 나기 마련이었다. 그러나 뭔가 다른 냄새가 나는 듯했다.

"분명 타는 냄새가 나는데…. 웨인, 빨리 밖에 나가서 무슨 일인지 알아봐요. 난 부엌을 살펴볼게요."

로티가 문간을 나서는데 밖에서 웨인의 고함소리가 들렸다.

"옆집에 불이 났어요! 빨리 나와 보세요!" 로티는 치마를 걷어 올리며 부리나케 집밖으로 뛰어나갔다. 웨인의 말대로 바로 옆 빈집에서 무시무시한 불길이 하늘로 치솟고 있었다.

이웃 사람들도 무슨 일인가 싶어 덩달아 달려 나왔지만 도울 생각은 않고 욕만 했다. "흥, 그것 봐라. 늙은 서양 귀신

집이 드디어 불에 타겠구먼." 어느 여인은 아이를 향해 이렇게 속삭였다. "신들이 저 여자의 못된 짓을 벌 주는 거야." 어떤 사람은 침을 뱉으며 비웃기도 했다. "결국 천벌을 받는군."

로티는 가능한 그들이 하는 말을 듣지 않으려고 노력했다. 오랫동안 이웃으로 지냈건만 여전히 악감정을 품고 독설을 퍼붓는 그들이 도저히 이해가 되지 않았다. 하지만 지금은 그런 데 신경 쓸 때가 아니라 빨리 집을 구해야 했다.

"웨인, 빨리 뒷마당에 가서 양동이를 가져다가 물을 떠와요. 지금 손을 쓰면 우리 집 지붕에까지는 옮겨 붙지 않을지도 몰라요!" 로티가 다급하게 외쳤다.

웨인은 재빨리 뒷마당으로 가서 양동이를 들고 우물로 달려갔다. 모여 서서 구경하는 사람들은 웨인이 물동이를 들고 뛰어오는데도 제대로 비켜 주지도 않았다. 로티는 그 모습을 보며 속으로 간절히 기도했다. "하나님, 도와주십시오. 저희 집이 불에 타서 재가 되지 않도록 누군가 도울 사람을 보내 주십시오."

기도가 끝남과 동시에 거리에서 누군가 외치는 소리가 들려왔다. 그리고는 마을 관리의 병사들이 물동이를 들고 달려오는 모습이 보였다. 그들은 화재가 난 집 앞에 이르자 우물에서부터 집까지 일렬로 서서 물동이를 나르면서 불타는 지붕 위로 물을 끼얹었다.

얼마 후에 그 지역 교인들까지 합세하자 화재가 진압되기 시작했고 위험한 고비를 넘기게 되었다. 게다가 바람의 방향도 약간 바뀌어서 불길이 로티의 집까지 번지지는 않았다. 그러나 점차 바람이 거세지자 이번에는 반대쪽 집으로 불길이 옮겨갈 위험에 처했다. 그 집에 살고 있는 식구들은 겁에 질려 어쩔 줄 몰라 하며 도와달라고 소리 질렀다.

"저 사람들을 도와줍시다!" 지쳐 있는 교인들을 향해 웨인이 말하자 "예. 그럽시다!"라고 한 교인이 대꾸했다. 그들은 다시 그 집 앞에 일렬로 서서 물동이를 날랐다.

모여 섰던 사람들이 웅성거리기 시작했다. 그리스도인들이 왜 자신을 비방하는 사람을 도와주는지 모르겠다며 수군거렸다.

로티가 구경하고 서 있던 한 남자를 향해 지시했다. "사다리 위로 올라가세요. 그러면 링이 양동이를 올려 줄 테니까 있는 힘껏 물을 부어요!"

그러자 보고 있던 이웃 사람들도 하나 둘씩 불을 끄는 일에 나섰다. 그리하여 교인들과 믿지 않는 사람들이 불을 끄는 일에 한마음이 되었다.

그날 밤, 캉 위에 몸을 누인 로티는 지칠 대로 지쳐 있었다.

그때까지도 타는 냄새가 가시지 않았고, 행여 밤사이 다시 불길이 번질까 봐 한 교인은 로티에게 자기 집에서 자라고 염려해 주기도 했다. 하지만 그런 상황에서도 로티는 마음이 뿌듯했다. 그리스도인들이 자신을 비방하는 사람들조차 도와주고 축복하려 한다는 사실이 기뻤다. 그리고 이번 일을 통해 텡초우에 복음 전파의 문이 활짝 열리기를 기대했다.

신입 선교사들이 계속 중국으로 들어오고 있어 다행인 반면 두 가지 문제가 로티의 마음을 짓눌렀다. 한 가지는 여동생 에드모니아의 죽음이었다. 에드모니아는 플로리다의 스타크 지방으로 옮겨서 작은 판자 집에서 외롭게 지내다가 혼자 쓸쓸히 생애를 마감했다. 자신이라도 동생 옆에 있어서 위안이 되어 줄 수 있었다면 얼마나 좋았을까! 두 자매는 수많은 기쁨과 고통을 함께 나누면서 독신 여성이 중국의 선교사로 파송되도록 길을 닦는 역할을 했다. 에드모니아가 아니었다면 로티는 중국의 선교사로 오지 못했을 것이다.

에드모니아와 함께 텡초우에서 일하기 시작한 이래 지난 35년간 얼마나 많은 복음 전파의 열매가 맺혔는지를 본다면 에드모니아 역시 자부심을 느끼리라고 확신했다. 이제 남 침례교 선교사들은 중국 북부에서 16개의 교회를 개척했고, 56개의 학교를 세워 수많은 학생을 배출하고 있었다. 중국인 남자 전도사는 42명, 여자 전도사는 14명이었고 2천 명이 넘는 중국인이 세례를 받고 교인이 되었다.

두 번째로 로티의 마음을 무겁게 하는 문제는 선교위원회가 지고 있는 3만 2천 달러의 빚이었다. 빚이 그렇게 많이 진 이유는 선교위원회에서 재정을 운영하는 방식 때문이었다. 총회나 협의회에서는 종종 선교지에서 추진하는 교단의 선교 사역을 뒷받침할 후원금을 요청했다. 참여한 사람들이 주로 목회자들이었기에 자신이 소속된 교회를 대표해서 헌금액을 약정했는데 보통 교인들이 헌금을 하리라고 예상되는 금액의 최대치를 적어 내기 마련이었다. 물론 약정한 금액이 채워질 때도 있었지만 그렇지 않을 때도 있었다. 선교에 대한 열정이 대단한 목회자라 하더라도 교회 건물을 신축하거나 주일학교 예산 확대 등의 장애에 가로막혀 약속한 선교 후원금을 보내지 못하는 경우가 있었다. 그러나 선교위원회에서는 목회자들이 약정한 헌금 액수에 맞추어 신입 선교사들을 파송하고 새로운 선교 사역에 착수했다. 그러다보니 자연히 후원금이 예상에 미치지 못하여 계속 적자에 시달리게 되고 1년 결산이 행해지는 4월에는 재정 문제가 심각하게 대두되었다.

선교위원회의 결산 보고서를 읽으며 로티는 약정된 헌금

액수와 실제로 헌금된 금액을 비교하고 마음이 착잡해졌다. 선교사들이 중국에서 일구어낸 복음 전파의 열매들, 즉 중국인들의 삶이 바뀌고 새 소망을 갖게 된 모든 결과를 미국의 교인들이 볼 수만 있다면 약정한 선교헌금을 충분히 채우고도 남으리라고 자신했다. 자신의 미력한 힘이나마 보탬이 되고 싶다는 마음에 로티는 에드모니아가 유산으로 남긴 적은 돈을 선교위원회에 보내 빚을 갚도록 했다.

재정적 위기에도 세 명의 선교사가 또다시 중국으로 파송되었다. 그중 한 사람은 웨인 애덤스와 결혼할 플로이 화이트였다. 새로운 선교사들을 반갑게 환영하면서도 행여 그들의 생활과 사역을 뒷받침할 재정 후원이 불가능해질지 모른다는 생각에 로티는 가슴이 조여들었다.

플로이가 도착하자 두 사람의 결혼 날짜가 정해졌다. 결혼식은 중국식과 서양식을 혼합한 형태였고 로티가 세세한 부분까지 챙겨 주었다. 그동안 웨인에게 정이 많이 들었기 때문에 로티는 최고의 결혼식이 되도록 도와주고 싶었다. 로티는 사람들과 함께 웨인과 플로이의 신혼집을 붉은 색으로 장식했다. 붉은 색은 중국인들에게 행운을 상징하는 색깔이었다. 북 중국에서 사역하는 선교사들이 결혼식에 모였고 로티는 거위 요리와 스프, 생선, 샐러드, 야채, 디저트, 사탕 등의 맛있는 음식들을 장만해 피로연을 성대하게 차렸다. 결혼식 후에 웨인 부부는 새 가마를 타고 신혼여행을 떠났다. 가마는 웨인이 신부를 위해 새로 구입한 것이었다.

1910년 웨인의 결혼식이 있고 몇 달 후, 산둥 지방에서 일하는 모든 남 침례교 선교사와 중국인 사역자들이 옌타이에서 모임을 가졌다. 로티는 오랜 친구들을 다시 만나게 되어 기분이 들떴다. 특히 탈레튼 크로포드를 따라 침례교단을 떠난 사람 중에 다시 합류하지 않고 영영 교단을 떠나버린 사람들을 오랜만에 만나게 되어 더욱 반가웠다. 로티는 옛 동료들과 함께 산둥 초기 사역들과 당시 중국인 신자가 거의 없었던 상황들을 떠올리며 추억에 잠겼다. 이제 산둥 지역에는 수천 명의 그리스도인이 있다. 그 모임에 참석한 중국인 전도자들과 교사들은 초기 개종자들의 자녀이거나 심지어 손자인 사람들도 있었다.

핑투에서 사역하는 한 여선교사가 로티에게 다가와 한 이야기를 들려 주었다. 어느 한적한 시골 마을에 전도하러 갔을 때 할머니 한 분이 찬송을 부르며 성경 구절을 읊조리는 모습을 보게 되었다고 한다. 그런 것들을 어디에서 배웠느냐고 물어보니 한 선교사가 20년 전에 자신의 마을을 방문하여 성경책을 주고 찬송을 가르쳐 주었다고 했다. 그 할머니는 지난 20년 동안 끈기 있게 기다리면서 기독교 사역자가 찾아와서 자신에게 세례를 베풀어 주기를 바라고 있었다는 것이다. 이야기들을 들으며 로티는 감격의 눈물을 흘렸다. 선교 사역의 열매들에 감사하는 한편 앞으로 해야 할 사역들에 주의를 기울이는 일도 잊지 않았다. 여전히 복음을 한 번도 듣지 못한 사람들이 너무 많았고 더 많은 사역자들이 필요했다.

중국에 필요한 것은 사역자들만이 아니었다. 중앙에 있는 농업 지대에 흉년이 들어 수확량이 줄어들자 옌타이 지역까지 기근이 덮쳤다. 로티는 지인들에게 편지를 써서 기근에 시달리는 사람들에게 옷과 음식을 사줄 수 있는 재정을 보내 달라고 호소했다. 사람들이 거리 곳곳에서 굶주림에 못 이겨 죽어가는 모습을 그냥 보고만 있을 수는 없었다. 로티의 집에는 굶주린 사람들이 줄을 이었고 수수죽을 끓여내는 요리사의 손길은 잠시도 쉴 틈이 없었다.

기근이 지난 후에는 전염병이 돌기 시작하여 수많은 사람들의 목숨을 앗아갔으며 마을마다 불안과 동요가 커졌다. 사람들은 정치적 변화에 더 민감해졌다. 1911년에는 중국인들도 외국의 상황에 눈을 뜨게 되었고 중국의 부패한 제국 정치가 미국처럼 공화정으로 바뀌기를 희망했다. 로티도 개인적으로는 중국이 공화정이 되기를 원했다. 아무래도 기존의

왕정으로는 급속하게 변화하는 시대의 흐름을 따라가지 못할 것 같았다. 그러나 그런 의견을 공공연하게 말하지는 않았다. 자신이 외국인이라는 점 때문에 더욱 언행을 조심했다. 만약 정권이 바뀐다면 중국인들 스스로 변화를 주도해야 했다. 외국 선교사들이 그런 일에 관여하게 되면 모든 중국 교인들을 위험 속에 몰아넣는 것이기에, 로티는 잠잠히 중국의 앞날을 관망하고 있었다.

크리스마스 이브

뒷마당에 서 있는 로티를 발견한 남자아이가 신나게 달려왔다. 그 아이는 로티가 가르치는 학교의 학생이었다. "이것 보세요!" 아이는 자신의 뒷머리를 보여 주면서 뽐내듯이 말했다.

아이의 머리를 보는 순간 로티는 기가 막히다는 표정을 지었다. 변발이 짧게 잘려 있었다. "왜 그렇게 됐니, 장?" 대답을 뻔히 알면서도 로티는 물었다.

"제가 잘랐어요. 잘했죠?"

한숨을 내쉬던 로티는 준엄한 목소리로 말했다. "빨리 집으로 가서 머리를 다시 붙이고 오너라!" 청 제국을 타도하려는 반란군에 동조하여 변발을 자르게 되면 아이뿐 아니라 가족의 생명까지 위험했다.

아이는 매우 낙심한 표정을 지으며 오던 길로 되돌아갔다. 아이가 가고 나자 로티는 흔들의자에 앉아 손에 머리를 묻고 중국의 앞날을 생각하며 눈물지었다. 신문을 보면서 정세의 변화를 주시하던 로티에게 제2의 고향인 중국의 앞날과 운명이 바람 앞에 선 등잔처럼 여겨졌기 때문이다. 혁명의 바람이 중국에 몰아치고 있었다. 중화민국이라는 민주주의 국가 건설에 투신한 혁명군은 청나라 군사의 저항에 맞서 싸웠다. 혁명군의 기세가 점차 강화되는 듯했지만 청나라도 쉽사리 물러서지는 않았다. 그 와중에 무고한 많은 중국 시민이 전쟁에서 목숨을 잃었다.

로티는 산둥성의 그리스도인들이 정치적 격동기 속에서도 견고한 믿음으로 하나님의 뜻에 따라 행동하게 해 달라고 기도했다. 어떤 신자들은 기독교의 가르침을 제대로 깨닫지 못하고 경솔하게 일을 그르치기도 했다.

어느 날, 몇 명의 그리스도인 청년이 로티를 찾아왔다. "문 선교사님, 저희가 사원에 있는 우상들과 싸워 승리를 거두었습니다!" 그들은 의기양양한 목소리로 로티에게 자랑을 했다.

"무슨 말인가?" 로티는 그 무리 가운데 가장 연장자인 후

앙에게 물었다.

"길에서 혁명군을 만났는데 사원의 불상들을 때려 부수러 간다고 하기에 저희도 함께 가서 거들었습니다. 불교 신자들이 그동안 우리를 얼마나 괴롭히고 못살게 굴었는지 생각하면 정말 속이 시원한 일이지요. 그런 우상들은 이 도시에서 뿌리 뽑아야 합니다."

"그래서 무엇을 어떻게 했다는 말이지?" 로티가 좀 더 상세한 설명을 재촉했다.

"저희가 사원에 들어가니 사람들이 총을 보고 기겁을 하며 도망치더군요. 하하하. 그 모습을 보셨어야 하는데 말입니다. 저희는 불상을 전부 땅바닥에 내려놓았고 혁명군이 불상들을 부수기에 저희도 같이 했습니다. 그리고 나머지 불상은 저희 집으로 가져왔지요. 그것들을 어떻게 하면 좋을까요?"

로티는 끓어오르는 분노를 억누르며 단호하게 말했다. "어떻게 하면 좋으냐고? 지금 당장 불상들을 들고 사원으로 가서 용서해 달라고 싹싹 빌고 오게!"

"아니, 무슨 말씀을 하시는 겁니까? 우상을 없애는 게 당연한 일 아닌가요?"

"이리 와 앉아 보게." 로티는 베란다에 놓인 의자 하나를 가리키며 자리에 앉았다. "지금은 무엇을 하든 생각을 하고 행동해야 하는 때야. 오늘 혁명군들이 사원을 약탈하고 그들이 신성하게 여기는 불상을 훔치고 불공드리는 신자들을 위협했다고 했지? 그게 바로 우리 그리스도인들이 늘 당하는 종교 핍박이 아니고 무엇인가? 만약 그 사람들이 우리 교회에 와서 동일한 일을 한다면 어떻게 대항하겠는가? 예수님은 우리가 대접받고 싶은 대로 남을 대접하고 우리를 대적하는 사람들을 해하지 말라고 가르치셨네. 남을 해하는 것은 그리스도인으로서 할 행동이 아니네!"

청년들은 고개를 떨구었다. 그리고 한 사람이 힘 없는 목소리로 물었다. "그럼 저희가 어떻게 해야 하지요?"

"훔친 물건들을 전부 돌려 주고 용서를 빌게나." 로티는 청년들이 진심으로 뉘우치는 것을 보고 부드럽게 타이르듯이 말했다. 그들은 로티의 충고에 따랐고 로티는 가는 곳마다 그 청년들이 한 행동을 사람들에게 사과했으며 종교 핍박은 기독교의 방법이 아니라고 강조했다.

1911년에 로티를 화나게 만든 사건은 그것만이 아니었다. 마치 막판 대결을 준비하는 사람들처럼 다들 무기를 장만하기에 혈안이 되어 있었다. 하루는 한 무리의 군인이 로티의 집에 찾아와 총을 건네며, 그것을 보관하라고 권했다. "이것들이 필요할 때가 올 겁니다."

로티는 탄식밖에 나오지 않았다. 친구든 적군이든 간에 중국인을 향해 총을 쏜다는 것은 상상도 할 수 없었다. "총을 당장 가져가시오." 로티는 군인들에게 딱 잘라 말했다. 38년 전, 탈레튼 크로포드가 성난 군중에게 총으로 위협했다는 말을 들었을 때 로티 자신은 절대로 그런 일을 하지 않겠다고 맹세했었다.

안타깝게도 군인들의 말은 현실이 되었다. 몇 주 만에 그 지역의 남 침례교 선교 기지가 공격을 당했다. 미국 영사는 모든 외국인에게 그 지역을 떠나라는 지시를 내렸다. 핑투와 황시엔의 병원에서 일하던 동료들이 텡초우로 피신해 왔다는 소식을 듣고 로티는 앞이 캄캄해졌다. 황시엔에 있는 중국인 사역자들이 선교사들 없이 어떻게 병원을 운영한단 말인가? 그들이 힘들게 사역에 매달려 있을 생각을 하니 견딜 수가 없었다. 로티는 어떻게 하든 그들을 찾아가 보기로 결심했다.

동료 선교사에게 알리지 않은 채 로티는 홀로 황시엔으로 갔다. 모두 급하게 빠져나오고 있는 그 치열한 전쟁터에 자진해서 들어가는 사람은 로티 밖에 없었다. 병원에 들어서는 로티를 보며 그곳의 모든 중국인 사역자가 흐르는 눈물을 주체하지 못했다. 일흔한 살의 로티가 위기에 처한 자신들을 위해 생명의 위협을 무릅쓰고 와 주었기 때문이다.

열흘 동안 로티는 병원에 머물면서 일을 거들었다. 부상당한 군인들은 어느 편을 막론하고 치료해 주었다. 아이어스 의사와 다른 선교사들은 로티가 황시엔으로 갔다는 이야기를 듣고 로티의 안전과 병원이 염려되어 그들 역시 목숨을 걸고 다시 황시엔으로 돌아갔다. 병원에 도착해 보니 로티는 침착하게 차를 따르며 환자들을 위로하고 있었다.

선교사들이 병원으로 되돌아왔기에 로티는 텡초우로 돌아가야겠다고 생각했다. 그러나 돌아가는 길은 극도로 위험했다. 혁명군과 청나라 군사들이 마을 밖 얼마 안 되는 지점에서 서로 총격전을 벌이고 있었다. 그러한 위험 속에서도 돌아가겠다는 로티를 아무도 말리지 못했다. 집으로 가야 할 때였고 어떤 상황도 자신을 막을 수 없었다.

황시엔의 그리스도인들은 아무리 해도 로티의 결심을 바꿀 수 없음을 깨닫자, 양측 군대의 지휘관들에게 전갈을 보내 로티 문이라는 텡초우의 나이 많은 여선교사가 아침 10시에 전쟁 지역을 통과할 것이라고 전했다.

아이어스 의사는 캐리 다니엘이라는 남선교사와 함께 가라고 강하게 설득했다. 그러나 로티는 무사하게 전쟁 지역을 통과하리라는 확신이 들어 그럴 필요까지는 없다고 말했다.

아침 10시가 되어 가마 행렬이 거리를 지나가고 몸을 곧추세운 로티가 가마 안에서 양편 군인들을 내려다보았다. 그 순간에는 총성이 그치고 적막이 감돌다가 로티가 탄 가마가 멀어진 직후에야 총성이 울려 퍼지기 시작했다.

로티는 자신의 집에서 피난살이를 하고 있는 여인들과 아이들을 돌보려고 부랴부랴 집으로 달려갔다. 수중에 돈이 얼마가 있든지 찾아오는 사람은 누구든 환영했고, 그들과 함께 먹었다.

텡초우의 상황은 갈수록 심각해졌다. 인근 마을에 사는 사람들은 더 안전한 도시로 몰려들었다. 그러자 식품 가격이 하늘 높이 치솟은 데다 그나마 구하기도 힘들어졌다. 그러한 상황에서 로티도 하루하루를 힘겹게 연명해 갔다.

구걸하던 여인 한 명이 굶주림을 견디지 못해 자살하려고 다리 아래로 떨어졌다. 그러나 여인이 떨어진 곳은 물속이 아니라 바위 위였다. 다리를 지나는 사람들은 다리 아래 누워서 꼼짝도 하지 않고 서서히 죽어가는 여인을 구경만 할 뿐이었다.

로티는 그 이야기를 듣자마자 다리로 달려가 지나가는 사람에게 돈을 주어 그 여인을 자신의 집에 데리고 가 달라고 했다. 그리고는 그 여인의 상처를 싸매주고 음식과 물을 주었다. 여인은 로티의 돌봄과 위로 속에 몇 주를 살다가 결국 은 내장 파열로 세상을 떠났다. 텡초우에 사는 어느 신자는 어차피 죽을 거지 여인인데 왜 굳이 데려다가 돌봐 주느냐고 물었다. 로티의 대답은 간단했다. "하나님께는 모든 생명이 소중합니다." 로티가 중국에 온 이유는 하나님이 보내시는 모든 사람을 섬기기 위해서였다.

로티는 또 한 사람을 슬픔 중에 떠나보내야 했다. 제시 브로드만 하트웰 선교사는 1857년 중국에 와서 35년간 중국인들을 위해 일한 충실한 선교사였으나 병으로 세상을 떠나고 말았다. 중국인 그리스도인들은 자신의 오랜 스승이 죽어 가는 모습을 안타깝게 지켜보았으나 그의 죽음에 얽힌 한 가지 사건으로 큰 위안을 삼게 되었다. 하트웰 선교사가 눈을 감기 직전에 그는 의식불명 상태였다. 의식이 없는 상태에서 하트웰은 이미 세상을 떠난 중국인 교인의 이름을 한 사람씩 부르기 시작했다. 마치 그들의 모습이 눈앞에 보이는 것 같았다. 로티를 비롯해 그의 주변에 모여 있던 사람들은 그 장면에 큰 위로를 받았다. 그들은 하트웰 선교사가 천국을 경험하고 있는 것이 분명하다고 서로 속삭였다. 그러나 최근 중국 남부에 선교사로 떠난 중국인 집사의 이름을 부르자 사람들은 적잖이 실망했다. 그 집사는 살아 있었기에 아무래도 하트웰 목사가 죽어가면서 환영을 보고 헛소리를 하는 것이라고 단정했다.

제시 브로드만 하트웰이 세상을 떠나고 그의 장례식에 온 사람 가운데는 남부 지방을 지나 막 도착한 남자가 있었다. 그 남자가 전한 소식에 따르면 남부에 갔던 중국인 집사는 하트웰 목사가 죽기 며칠 전 불의의 사고로 갑자기 사망했다고 한다. 즉 하트웰 목사가 의식불명 상태에서 그의 이름을 불렀을 때는 그도 이미 천국 사람이 된 뒤였다. 그 소문이 텡초우에 퍼져나가자 많은 중국인이 기독교 신앙과 천국에 대해 알고 싶어서 로티를 찾아왔다.

1912년 5월, 혁명이 막을 내렸다. 쑨원의 민주주의 사상이 승리를 거둔 것이다. 267년간 중국을 다스렸던 청나라가 무너지고 중화민국이 탄생했다. 그러나 가뭄과 기근이 계속되고 있었기에 로티는 계속해서 선교위원회에 편지를 보내 중국인들의 궁핍한 상황을 알렸다. 하지만 선교위원회는 자체적인 문제로 골머리를 앓고 있었다. 그해 선교 재정은 5만 6천 달러의 적자를 기록했고 〈릴리저스 헤럴드〉에는 빚 문제를 토론하는 내용이 게재되었다. 그것은 남 침례 교인들에게 선교 후원금을 독려하는 차원에서 기록된 기사였다.

로티는 텡초우에 도착한 우편물에서 〈릴리저스 헤럴드〉를 보게 되었다. 기대하는 마음으로 신문을 펼쳐 든 로티는 선교위원회의 적자 재정에 대한 기사 글을 읽고 얼굴을 찌푸렸다. 그 기사에는 이렇게 적혀 있었다.

> 선교 후원 모금 결과에 관심을 쏟고 있는 사람들의 눈에는 선교사들 밖에 보이지 않는 것 같다. 만약 고국의 교인들이 현지 선교사들을 뒷받침하지 못할 때 선교위원들이 느끼는 심정을 이해할 수만 있다면….
>
> 우리 선교위원들은 그동안 진행했던 선교 후원금 모금을 일단락 지으며 무리한 모금을 하지 않으려고 후원금 사용 내역에 더 세심한 신경을 쓸 것이다.

로티는 기사가 의미하는 바를 재빨리 알아챘다. 선교위원회에서는 중국에 구제 헌금을 보내지 않을 것이며 선교 재정이 탄탄해질 때까지 더는 텡초우에 선교사들을 파송하지 않겠다는 의미였다. 가뜩이나 어렵고 힘든 상황에서 로티를 비롯한 남 침례교단의 선교사들은 선교 후원금이 걷힐 때까지 허리띠를 졸라매야 할 상황이었다.

하지만 계속되는 기근으로 인해 중국의 사정은 점점 악화되었고 로티는 이제 무엇을 어떻게 해야 할지 알 수가 없었다. 그래도 고국에서 누군가를 텡초우에 파송하여 자신을 도와

주기를 간절히 바랐다. 여전히 텡초우에는 할 일이 너무 많았다. 궁핍한 상황으로 인해 로티는 한 푼이라도 아껴서 굶주린 사람들을 돕기로 했다. 요리사는 여전히 로티에게 음식을 만들어 주었으나 로티는 아무도 모르게 그 음식을 들고 밖으로 나가서 굶주린 아이들에게 모두 나눠 주었다. 사실상 로티는 다른 사람을 먹여 살리려고 굶기를 밥 먹듯 했다. 그리하여 아무도 모르는 사이 로티의 생명의 빛은 서서히 꺼져 가고 있었다.

동료 선교사가 로티의 상태를 알아차렸을 때는 몸무게가 겨우 25kg 밖에 나가지 않을 정도로 쇠약해진 뒤였다. 그리하여 사람들은 재빨리 로티를 라이초우푸에 있는 의사 가스튼에게 보내 치료를 받게 했다. 몇 주를 간호한 가스튼은 로티를 살릴 수 있는 유일한 희망은 빨리 미국으로 귀국하게 하는 길뿐이라고 단정 지었다. 신시아 밀러라는 간호 선교사가 안식년을 앞당겨 보내기로 하고, 로티와 함께 미국으로 가기로 했다. 물론 로티는 중국을 떠나려 하지 않았다. 아직도 할 일이 많이 있었다. 그러나 동료 선교사들은 오랜 선배이며 스승이었던 로티를 살리려고 끊임없이 귀국을 설득했다.

"가만히 누워 계세요. 문 선교사님." 선교사 한 명이 로티를 가마 안에 눕히고 머리 밑에 베개를 받쳐 주었다. 로티는 가마를 타고 부두로 가서 배를 탈 예정이었다.

1912년 12월 13일, 로티는 만추리아 호를 타고 일본을 거쳐 샌프란시스코로 향하는 항해 길에 올랐다. 미국에서도 로티를 맞을 준비를 했는데, 아이크의 부인 마가레트가 로티를 돌보기로 했다. 미국에서 안식년을 보내던 로티의 동료 선교사 한 명이 샌프란시스코 항에서 로티를 만나 버지니아의 집까지 데리고 가기로 했다. 일단 선실의 침대에 몸을 누이자 로티는 오래 전에 고향에서 가져온 나무 여행 가방을 침대 발치에 놓았다. 그러나 사실 가방은 텅텅 비어 있었다. 로티는 자신이 가진 모든 것을 가난한 중국인들에게 나눠 주었다. 빈 가방을 들고 온 이유는 미국에 도착했을 때 여행 가방이라도 손에 들고 있어야 사람들이 이상하게 보지 않을 것이기 때문이었다.

황해를 지나자 일본 연안이 눈에 들어왔다. 만추리아 호가 규슈 섬의 해안을 지나는 동안 로티는 점점 기력이 약해져 오랫동안 잠을 잤다. 눈을 뜨면 로티를 위해 특별히 만든 포도 주스를 몇 모금 마셨다. 배가 연료와 선객들을 실으려고 고베 항에 정박했지만 로티는 의식마저 가물가물했다.

배에 연료를 다 싣고 나자 로티는 잠에서 깨어나 또렷한 목소리로 말했다. "예수 사랑하심은 거룩하신 말일세. 우리들은 약하나 예수 권세 많도다. 날 사랑하심 성경에 쓰였네. 신시아, 이 찬송을 알고 있지?"

신시아가 고개를 끄덕였다. "네. 이 찬송을 수만 명의 중국인에게 가르쳐 주셨죠."

로티는 눈을 빛내며 입가에 엷은 웃음을 띠었다. 그러고는 신시아에게 그 찬송을 불러 달라고 했다.

그날 밤, 만추리아 호는 닻을 올리고 태평양 횡단에 올랐다. 로티는 몇 번씩 잠에서 깨어 "우리들은 약하나 예수 권세 많도다"라고 중얼거렸다. 다음날 아침 로티는 눈을 떴다. 곁에는 신시아가 앉아서 조용히 지켜보고 있었다. 마지막 남은 힘을 모아 로티는 두 팔을 들어 올리고 중국인들이 친구에게 하는 식으로 두 손을 모아 고개를 앞으로 숙였다. 그리고 힘겹게 마지막 숨을 몰아쉬고서 로티 문은 영원히 눈을 감았다. 그때는 1912년 크리스마스 이브였다.

Chapter 17

성탄절 특별헌금

로티의 사망 소식을 들은 만추리아 호의 선장은 배를 요코하마 항에 정박하라는 지시를 내렸다. 12월 26일 요코하마 항에서 로티의 시신이 화장되었다. 그리고 단지에 담긴 유해는 신시아 밀러에게 인도되었고, 신시아는 항해를 계속하여 로티의 유골과 빈 여행 가방을 들고 미국에 도착했다. 1913년 1월 29일, 로티 문의 유해는 버지니아의 크레웨 묘지로 옮겨져 작은 오빠 아이크 곁에 나란히 안장되었다.

텡초우에 로티의 사망 소식이 전해지자 도시 전체가 충격에 휩싸였다. 그리고 수많은 중국인에게 새 생명과 소망을 심어 주기 위해 모든 생애를 바친 여인을 기리는 기념비가 세워졌다. 기념비에는 '텡초우의 교회가 영원히 기억할 것입니다'라는 문구가 새겨졌다.

그러나 로티의 이야기는 거기서 끝나지 않았다. 만일 로티 문이 살아서 미국에 도착했다면 남 침례교단에 엄청난 영향을 미쳤을 것이 분명했다. 과거에도 그러했지만 세상을 떠난 후에도 로티의 영향력은 그 어느 때보다 강력하게 교단을 뒤흔들었다. 미국 전역의 남 침례교회에서는 로티 문 선교사의 추도 예배가 열렸다. 한 기독 잡지에서는 로티가 위험과 역경 속에서 이루어낸 공적과 헌신을 칭송하며 "미국 최고의 선교사였다"라고 평했다.

신시아 밀러는 로티의 마지막 항해에 대해 기록하면서 이렇게 끝을 맺었다. "주님을 위해 가장 열심히 일하고 희생한 사람이 고국의 무성의한 후원 때문에 고통 받는다는 사실은 참으로 안타깝기 그지없는 일이다."

로티의 죽음에 관한 기사는 남 침례교회들을 뒤흔들어 놓았다. 로티를 비롯해 세계 곳곳에서 일하는 침례교 선교사들을 더 열심히 후원하지 못한 것을 자책하는 소리가 높아졌다.

사람들은 로티를 잃은 슬픔을 표현해야 한다고 생각했다. 버지니아의 여선교회 회원들은 로티의 무덤 옆에 기념비를 세웠고 크레웨 침례교회에서는 로티가 한 손에는 횃불을, 다른 손에는 성경을 들고 서 있는 모습을 색 유리에 새겨 창문에 장식했다. 그러나 로티가 진정으로 원하는 것은 그런 기념비나 장식이 아니었다. 그렇다면 과연 로티를 위해 무엇을 해야 하겠는가?

해답은 아그네스 오스본이라는 신문 기자에게서 나왔다. 당시 교회들은 해마다 성탄절 특별 선교헌금을 거두었다. 아그네스는 여선교회에 속한 모든 여성도에게 1913년의 성탄절 특별헌금은 로티 문 선교사를 기념하는 선교헌금으로 정하자고 제의했다. 로티를 기념하는 선교헌금이라는 취지로 인해 수많은 사람이 동참했다. 그해에 걷힌 헌금은 모두 3만 5천 35달러에 이르러, 선교위원회가 진 빚을 반 이상 갚게 되었다.

1918년, 평소 로티를 존경하고 후원하던 애니 암스트롱이라는 사람이 간단한 제의를 했다. 해마다 하는 여선교회 헌금의 명칭을 미국과 중국의 수많은 사람에게 영향을 준 로티의 이름을 넣어 제정하자는 것이었다. 모든 사람이 그 의견에 동의하여 '로티 문 성탄절 특별헌금'(Lottie Moon Christmas Offering)이 제정되었다. 기념비나 유리 장식이 아닌 로티가 진정으로 바라던 소망이 마침내 이루어진 것이다.

'로티 문 성탄절 특별헌금'은 1918년 이래 해마다 행해지고 있다. 그리고 많은 어린이와 청년들에게 궁금증을 불러일으키고 있다. 로티 문이 대체 누구이기에 해마다 그 사람을 기리며 헌금을 하는 것일까? 그리고 그 질문에 대한 답변을 들은 수많은 사람이 로티 문이 걸어간 발자취를 따라 동일한 길로 생의 발걸음을 내딛고 있다.

로티 문의 생애와 연혁

1840년 앨버말 카운티에서 출생하다.

1854년 버지니아 여자신학교 입학하다.

1857년 앨버말 여자대학에 입학하다.

1858년 예수 그리스도를 인격적으로 영접하다.

1871년 카터스빌 여학교 교사로 부임하다.

1873년 남 침례교단에서 중국 선교사로 파송받고, 텡초우에서 사역을 시작하다.

1876년 함께 사역하던 동생 에드모니아가 귀국하다.

1885년 핑투에서 사역하다.

1890년 미국에 돌아와 안식년을 보내다.

1900년 의화단 사건을 피해 일본 후쿠오카로 들어가다.

1901년 텡초우로 다시 돌아오다.

1912년 미국으로 돌아가는 만추리 호에서 사망하다.

로티 문

지은이 자넷 & 제프 벤지
옮긴이 안정임

2006년 9월 25일 1판 1쇄 펴냄
2006년 11월 10일 1판 2쇄 펴냄
2010년 8월 2일 개정판 1쇄 펴냄

펴낸이 이창기
펴낸곳 도서출판 예수전도단
출판 등록 1989년 2월 24일(제2-761호)
주소 경기도 고양시 일산동구 백석2동 1329 성지 밀레니엄리젠시 301호
전화 031-901-9812 · **팩스** 031-901-9851
전자우편 publ@ywam.co.kr
홈페이지 www.ywam.kr
주문 전화 031-908-9987 · 팩스 031-908-9986

ISBN 978-89-5536-359-3

책값은 뒤표지에 있습니다.
잘못된 책은 바꾸어 드립니다.